監修者——佐藤次高／木村靖二／岸本美緒

［カバー表写真］
徽州の牌坊群（歙《しょう》県の棠樾《とうえつ》村）

［カバー裏写真］
徽州村落の遠景（黟《い》県の宏村《こうそん》）

［扉写真］
清代の蘇州市街（「姑《こ》蘇《そ》繁華図」）

世界史リブレット108

# 徽州商人と明清中国

*Nakajima Gakusho*
中島楽章

目次

## 中国史と商業

「地大物博、人口衆多」――これは中国人が自らの文明を誇って、好んで口にしたフレーズである。土地は広大で、物産は豊富で多様、人口も多い富裕な大国、という自己イメージである。この言葉はアジアの周辺諸国にたいしてだけではなく、十六世紀から東アジアに来航したヨーロッパ人にたいしても、中国の富強を誇るためにしばしば用いられた。それは決してたんなる自己満足ではない。たとえば一八〇〇年の段階では、中国の総人口は三億一五〇〇万人で、ヨーロッパ諸国の総人口(一億七三〇〇万人)の倍近く、世界総人口(八億九〇〇〇万人)の三五%を占めていたという推計がある。

さらに当時の清朝(一六三六〜一九一一年)の領土は広大だっただけではなく、

生態環境も極めて多様であった。東北部の亜寒帯地域から、西北部のステップ・沙漠地域、華北の乾燥した畑作地帯、華中の温暖な稲作地帯、華南の亜熱帯地域、チベットの高原地帯まで、自然環境は大きく異なり、それぞれ独自の産業が発達していた。こうした広大で多様な地域間の需要と供給に応じるため、そしてさらにそれらを国外の市場にも結びつけるため、中国では早くから国内長距離商業が発達し、明代後期から清代にかけて、一つのピークに達したのである。

中国における長距離商業の発展にとって、隋代(五八一〜六一八年)に大運河が開通した意味は極めて大きかった。続く唐代(六一八〜九〇七年)には、江南や華北東部の穀物などが、大運河と黄河によって西北中国に運ばれ、首都の長安▲は、中国内地の物流と、中央アジア・西アジアに続くシルクロードの結節点となった。ただし唐代には、政府による商業への統制はまだ強かった。長安をはじめとする都市では、人びとは「坊」と呼ばれる閉鎖的な居住区に住み、商取引は政府が設置した商業区である「市」だけで許されていた。こうした「市」には、監督官庁がおかれ、また「邸店▲」と呼ばれる商店や倉庫業者が、遠方か

**▼長安**　現在の陝西省西安市。ユーラシア大陸を東西に貫く農業—牧畜境域地帯の東部に位置し、農耕地域と牧畜地域の双方につながる交通の要衝であった。

**▼邸店**　長安の「市」では、市壁の内側に「邸」と呼ばれる倉庫兼卸売商店が並び、客商《きゃくしょう》(七頁参照)がもたらす商品を保管・卸売した。また市壁内部の大通りには、「店」と呼ばれる小売商店が、「行」という同業者集団をつくって、商品を消費者に販売した。こうした卸売商・小売商を「邸店」と総称する。

**●唐代の長安**　唐代の長安では、市街の東部には貴族や官史の邸宅が多く、西部にはおもに商人や庶民が居住し、西域からの移住者も集まっていた。

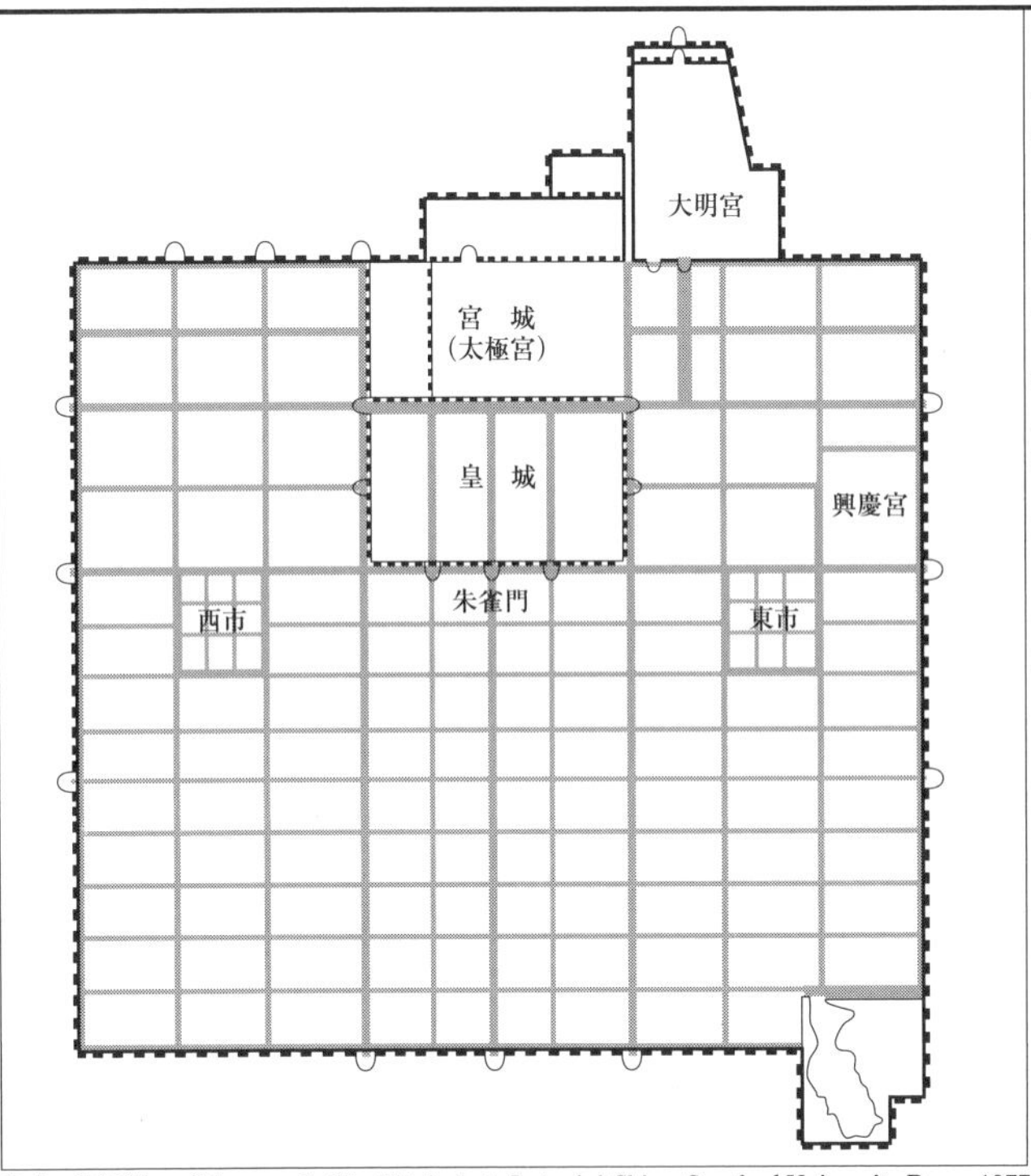


出典：G.William Skinner,ed., *The City in Late Imperial China*, Stanford University Press, 1977による

**●長安の坊**(左)**と市**(右)　唐代の長安では、街路によって区分された四角形のブロックを「坊」と呼んだ。各坊は壁でかこまれ、居住者は「坊門」を通って街路に出入りしたが、夜間には坊門が閉ざされ、外に出ることはできなかった。坊内で商業をおこなうことは許されず、「東市」と「西市」という、二カ所の市場専用区画で交易がおこなわれた。東西の市には商店・倉庫・旅館などが集中し、政府の管理のもとで商取引がなされた。ただし唐代後半になると、政府の商業統制はしだいにゆるみ、東西の市以外にも交易の場が広がっていく。

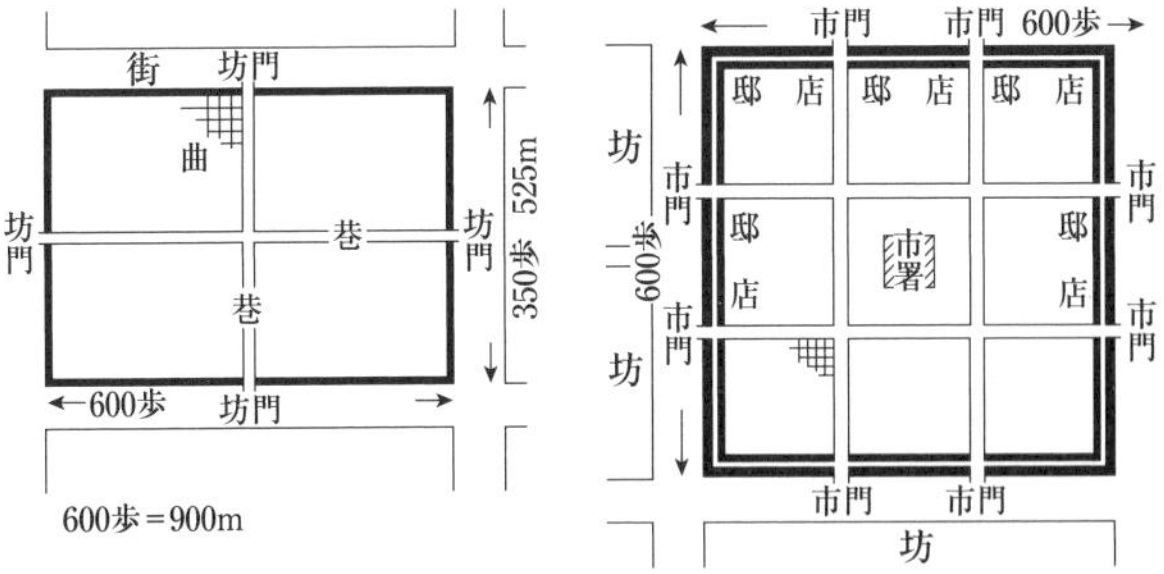


出典：斯波義信『中国都市史』東京大学出版会，2002による

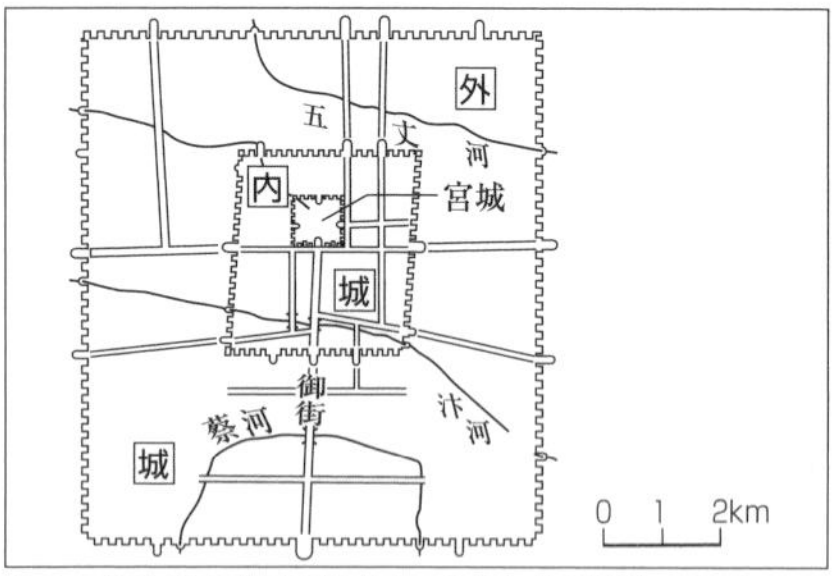

出典：斯波義信『中国都市史』東京大学出版会, 2002による

**▼開封**　北宋時代の開封は、国都として政治・軍事の中心であるとともに、江南の穀物をはじめ、華北一帯の食糧・資源・手工業製品が集散する経済都市でもあった。北宋末における開封の繁栄は、張択端《ちょうたくたん》「清明上河図《せいめいじょうがず》」に活写されている。



らきた商人にたいし、宿泊や商品の保管、さらには仲買や金融などのサービスを提供した。とくに八世紀後半からは、唐王朝の西域や華北東部にたいする支配力が弱体化したため、江南の物資を大運河により華北に運ぶ物流が王朝の生命線となっていった。

　北宋時代(九六〇～一一二七年)にはいると、大運河にそった先進地域では、商業化と都市化が飛躍的に進んでいった。北宋は首都を大運河と黄河がまじわる開封《かいほう》▲においた。開封は江南と華北の物流の結節点となり、また膨大な数の軍人や官僚が居住する大消費都市でもあった。さらに北宋では北方辺境に駐屯する兵士に莫大な軍糧を供給するため、商人を利用して辺境に軍糧を運ばせ、現地で納入証明書を支給した。商人はその証明書を開封の財務官庁に提出し、専売品であった塩の販売許可証と交換して、それを他の商人に転売したり、自ら塩を販売して利益を回収したのである。こうして開封は、華北経済と国家財政の両面で、物流と金融の一大センターとなった。また北宋になると、都市の景観も大きく変化した。かつての閉鎖的な「坊」は取り除かれ、商業は官設の市場ではなく、市内に広がる商店街でおこなわれるようになった。さらに宋代に

**北宋末、開封の繁華街**（張択端「清明上河図」）

は、「草市」などと呼ばれる農村部の市場町がいっそう発達し、増加していく。唐代中期までは都市内の官設市場でおこなわれていた商業が、都市全体に、そして農村部の市場町へと拡散していったのである。

南宋時代（一一二七～一二七九年）には、華北は金朝の領土となり、大運河による南北の物流も途絶してしまった。しかしこの時期には長江流域の開発がさらに進み、また長江にそって駐屯する軍隊への補給の必要もあって、長江による東西方向の流通が発達していく。さらに南宋政府は、海外貿易を奨励して、関税収入を重要な財政基盤としたので、東南沿岸部の泉州《せんしゅう》・広州《こうしゅう》・寧波《ニンポー》などの港町と、東南アジア・東アジアの各地を結ぶ貿易も大きく発展した。これにたいし華北地域は、うち続く戦乱や黄河の氾濫によって、著しく荒廃し、元朝（一二七一～一三六八年）が中国を再統一してからも、なかなか復興しなかった。しかしユーラシア大陸の主要部がモンゴル政権の支配下にはいったことにより、東アジアと中央・西アジアを結ぶ貿易は活発化していく。また元朝の統治下でも、南宋時代に発達した海上貿易は繁栄を続け、ユーラシアの東西を結ぶ陸上・海上交易は活況を呈した。

ところが十四世紀にはいると、ユーラシア全体で気候が急激に寒冷化し、自然災害や疫病があいつぎ、農業生産は低落し農民叛乱が広がるなかで、元朝の支配は崩壊に向かい、ふたたび漢民族の明朝(一三六八〜一六四四年)が中国を統治することになる。明朝は天災や戦乱で荒廃した農村の復興に努めたが、一方で商業活動にたいしては抑圧的で、民間の海外貿易も禁止するなど、それまでの商業化・都市化の流れにまったく逆行する政策をとった。さらに貨幣政策の失敗もあって、明代前半期には商業は沈滞し都市も衰退する。しかし十五世紀末ころから、ようやく国内流通や海外貿易が上昇局面にはいり、都市化や貨幣経済も復活していく。本書の主人公である徽州《きしゅう》商人は、まさにこの時期の商業化・都市化の波に乗って、その後四〇〇年近くにわたって中国の商業をリードしたのである。

# ①—中国の商業と商人集団

## 大地域システム

中国では伝統的に、商人を大きく「坐賈《ざこ》」「客商《きゃくしょう》」「牙行《がこう》」の三種類に分類していた。「坐賈」とは、決まった場所に店舗をかまえて営業する問屋や小売商である。これにたいし「客商」は、ある土地で商品を買い集め、他の土地に運搬して売りさばく商人であり、「牙行」とは、生産者・坐賈・客商のあいだに立って、取引の仲介や仲買をおこなうブローカーである。中国内地の長距離商業は、生産地と消費地を往復して大量の商品を輸送する「客商」によって担われていた。しかしヨーロッパ全体に匹敵するような面積と、二倍近い人口をもつ中国全土を、前近代の輸送技術によって、一つの流通圏に統合することは難しかった。明清時代の中国は、政治的には集権的な官僚制のもとで一つの帝国として統合されていたが、経済的には特定の地域を中心として、全体が一つのシステムとして統合されていたわけではなく、むしろそれぞれが中心地域をもつ、いくつかの大きな経済圏が並び立ち、相互に結びついていたのである。

▼G・W・スキナー（一九二五〜二〇〇八）　アメリカの社会人類学者・地理学者。一九四九〜五〇年に四川盆地でフィールドワークをおこない、農村の市場構造を分析。さらに伝統中国の経済システムを、農村の市場圏から「大地域」にいたる階層的な構造として示した「地域システム論」を提唱し、中国史研究にも大きな影響を与えた。

スキナー▲は、十九世紀末の中国内地は、大きく一〇の経済システムに分かれていたことを示し、それらを「大地域」(macroregion)と呼んでいる。こうした大地域は、主として主要河川の流域ごとに形成された。というのは、前近代の中国では、陸上輸送よりも水上輸送のほうが、はるかに安いコストで大量の物資を運ぶことができたからである。河川や運河のネットワークが発達した華中・華南はもとより、華北の平原部でも、河川や運河が商品流通に大きな役割をはたした。河川交通が困難な黄土高原や雲南方面を除いて、中国の大部分では、物資の大量輸送は水運を中心におこなわれ、このために主要河川の流域ごとに経済システムが形づくられていったのである。

それぞれの大地域は、おおむね主要河川にそった低地に位置する中心部と、そのまわりの山間・丘陵地に広がる周辺部からなっている。中心部は周辺部に比べて、農業生産性と人口密度が高く、交通網が発達し、商業化・都市化が進んでいる。中心部からは手工業製品などが周辺部に供給され、周辺部からは木材などの山林産品や鉱産資源などが中心部に運ばれた。こうした大地域内部の交易と比べると、大地域と大地域を結ぶ交易は、とくに大量消費物資について

●——一〇の大地域システム(十九世紀末)

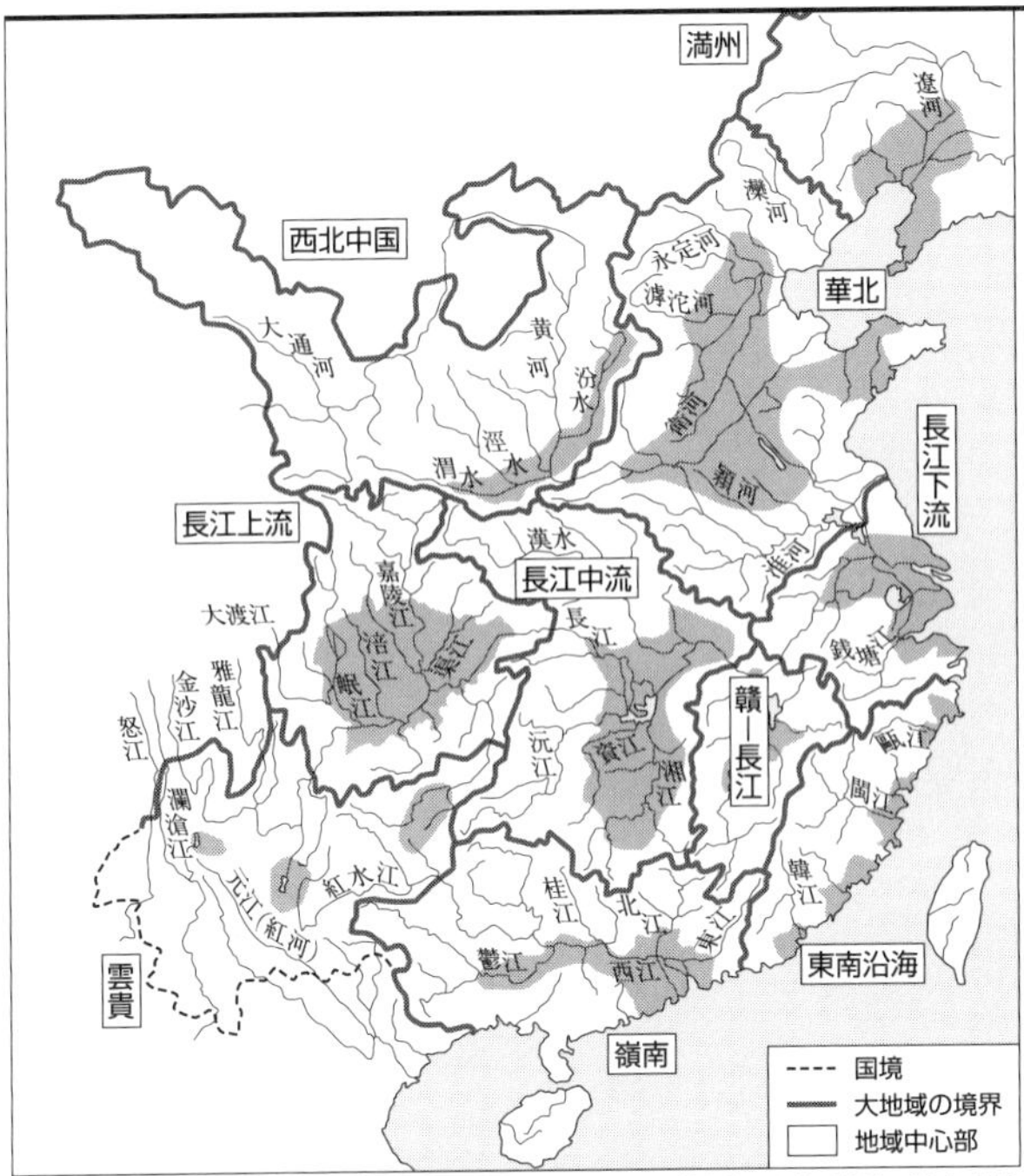


出典：G･W･スキナー（中島楽章訳）「中国史の構造」『宋代の長江流域』汲古書院，2006による

●——明代の織物・塩・茶・鉄・陶磁生産地

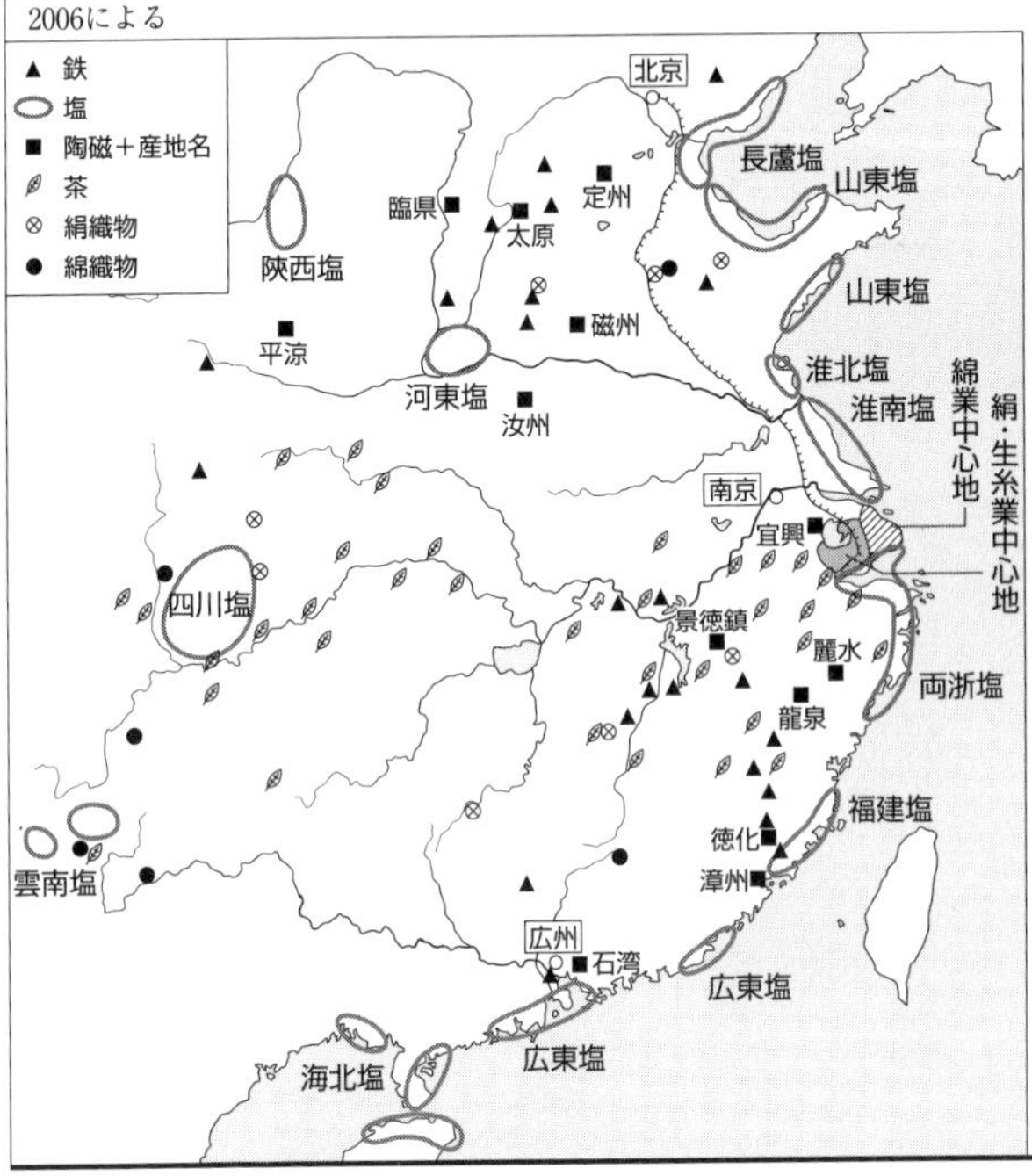

は必要限度だけに抑えられる傾向があった。なぜならば他の大地域に大量の物資を輸送するには、河川運輸が利用できない山間地や丘陵を通過しなければならないことが多く、輸送コストがかなり高くなってしまうからである。

とはいえ、当然ながらある大地域の内部では自給できず、他の大地域に供給をあおがねばならない商品も多い。その典型は塩である。いくつかの大地域はまったく塩を生産せず、他の大地域から輸入せざるをえない。また茶・木材・鉄などの商品作物や鉱産資源も大地域をこえて流通することが多く、海外からの輸入品も、貿易港のある大地域から、それを消費する大地域にもたらされた。また長江下流などの経済先進地で生産された手工業製品は、他の大地域に広く出荷され、人口密度が高く食糧自給率が低い沿海部の大地域には、内陸の大地域から食糧が供給された。そしてこうした大地域間を結ぶ長距離交易を担ったのが、徽州《きしゅう》商人をはじめとする有力商人集団であり、その大動脈となったのが、中国の南北を結ぶ大運河と、東西を結ぶ長江だったのである。

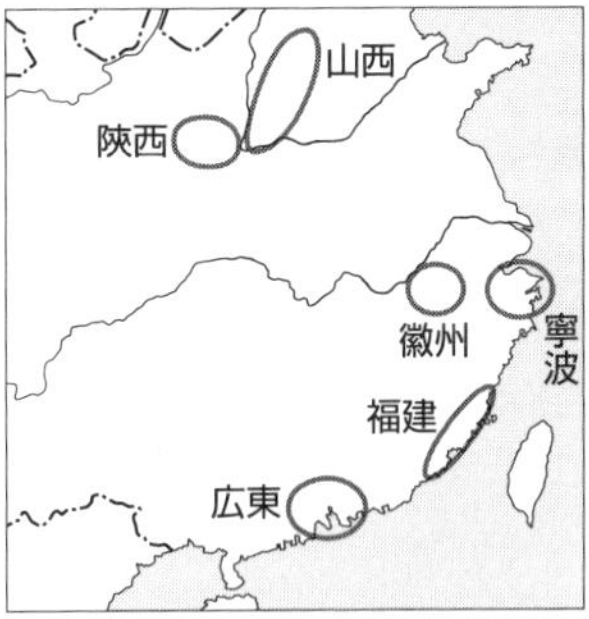


明清時代の主要商人集団

## 山西・陝西商人

明清時代の有力商人集団を生み出したのは、総じて耕地面積のわりには人口が多いため、農業生産だけでは自給が難しく、かつ交通の要所に位置し、大都市や対外貿易の窓口へのアクセスがよい地域であった。こうした地域の人びとは、商業活動をはじめ、手工業・学問・医術・芸術・演芸・宗教など、各地の状況に応じたさまざまな専門的技術によって、地域の外部に移住して活路を求めようとする「移動戦略」を展開したのである。

こうした有力商人集団のなかでも、明清時代に自他ともに両横綱として認められていたのが、南方では本書で取り上げる徽州商人、北方では山西商人であった。この両横綱は、いずれも国家と結びついた塩商人として台頭した。山西商人は明代前期から、万里の長城にそった軍事地帯に近いという地理的条件を利用して、北方に駐屯する軍隊に軍糧を納入することによって、塩の販売権を入手し、それによって最有力の商人集団となった。また彼らは、長江流域で生産される綿布・絹・茶などを、華北一帯や北方の軍事地帯に供給し、華北から長江流域に綿花などをもたらした。また西隣の陝西商人も、やはり明代前期から、西北辺境への軍糧納入と塩の販売に進出したため、山西・陝西商人をあわせて、「山陝商人」と呼ぶことも多い。

十五世紀末には、徽州商人が塩商として台頭し、山西商人の独占的優位をくずしていくが、その後も山西商人は、とくに中国北部では最大の商人集団として勢力を誇った。十六世紀後半には、明朝とモンゴルとのあいだに和議▲が結ばれ、万里の長城にそった国境貿易が始まるが、この和議を推進したのは山西商人の家に生まれた高官たちであり、山西商人はモンゴル貿易によって多大な利益をえることになった。十七世紀後半になると、清朝が満洲(中国東北部)やモンゴルと中国内地を統合したため、長城にそった軍需市場は消滅したが、そのかわり山西商人は満洲やモンゴル高原にも商圏を広げ、十八世紀には清朝が新たに征服した東トルキスタン(新疆《しんきょう》)にも進出した。さらに一七二七年のキャフタ条約▲により、ロシアとの国境貿易が始まると、山西商人はロシア貿易もほぼ独占した。これにたいし陝西商人は、四川における塩の販売で優位に立ち、四川から雲南・貴州にかけて商圏を広げ、さらにチベットとの茶馬貿易▲も推進していく。

▼**隆慶和議**　一五七一年、明朝とモンゴルのアルタン・ハーンとのあいだに和議が結ばれ、アルタンに明朝との朝貢貿易を認めるとともに、万里の長城にそって市場を開き、モンゴル人と中国人が交易(互市《ごし》)をおこなうことを認めた。

▼**キャフタ条約**　ロシア帝国は十六世紀末から、毛皮を求めてシベリアに進出し、一六四〇年代には黒竜江(アムール川)に達した。一六八九年には、ネルチンスク条約によって清朝との国境が定められ、さらに一七二七年のキャフタ条約によって、ロシアの隊商がキャフタにおいて中国商人と交易をおこなうことが認められた。

十九世紀後半になると、山西商人の商圏であった華北や西北辺境はあいつぐ戦乱で混乱し、またロシアが直接に中国内地で貿易をおこなうようになったこともあって、山西商人の商業活動はしだいに衰退に向かう。しかし一方で、清末には「山西票号」と呼ばれる金融業者が勢力を拡大し、全国に支店網を張りめぐらして遠隔地送金をおこない、清朝とも結びついて政府資金の運用にもあたった。しかし二十世紀にはいると、一九一一年の辛亥革命によって清朝が滅亡し、また近代的銀行▲がしだいに発達したこともあって、山西票号も急速に衰退し、山西商人は商業史の表舞台から退いていったのである。

## 福建・広東・寧波商人

明清時代の商業集団の両横綱である徽州・山西商人が、まず塩商として台頭し、中国全土の商品流通を押さえたのにたいし、大関クラスの広東・福建・寧波《ニンポー》商人は、なによりも海上貿易を中心に発展した商人集団であった。すでに述べたように、南宋から元代にかけて、中国東南沿岸では海外貿易がかつてない活況を呈していた。しかし十四世紀末に、明朝は民間商人が海外に渡航する

**▼茶馬貿易**　明朝は「茶馬司」をおいて、四川や陝西の茶と西域やチベットの馬を交易し、雲南では少数民族の首長(土司《どし》)が、中国とチベットの茶馬貿易を主導した。清代中期の一七二三年に土司制度が廃止されると、おもに中国商人がチベットとの茶馬貿易を担うようになる。

**▼近代的銀行**　清末には山西商人の「票号」や寧波商人の「銭荘」などの伝統的金融機関に加え、上海や香港では、外国系銀行がおもに外国商人のために金融業務をおこない、清朝によって政府系銀行も設立された。さらに辛亥革命以降は、浙江《せっこう》財閥などによって多くの民間銀行も設立され、民族工業への資本提供も担った。

ことを禁止し、海外貿易を明朝と周辺諸国との朝貢貿易▲だけに限定したため、明代前半には海外貿易はすっかり沈滞してしまう。

しかし十五世紀後半ころから、広東や福建の沿岸ではしだいに東南アジアとの密貿易が広がっていく。さらに十六世紀半ばには、「倭寇▲」勢力による密貿易が東南沿海一帯に拡大し、ついに一五六〇年代末には、明朝も民間の貿易船が福建南部の海澄《かいちょう》県から東南アジア各地に渡航することを許すことになった。これによって福建の海商は、南シナ海域にいっせいに進出し、とくにスペイン領フィリピンから、膨大なアメリカ大陸の銀を中国にもたらした。一六四四年には明朝が滅亡し、清朝が中国内地の征服を進めていくが、そのころ福建の海上貿易を掌握していた鄭成功《ていせいこう》▲の海上勢力は、厦門《アモイ》を拠点として清朝への抵抗を続けた。これにたいし清朝は「遷界令▲」を発して、鄭氏勢力の海上貿易を封じ込めようとしたが、鄭成功は台湾に拠点を移してなおも清朝に対抗した。

しかし一六八三年に清朝が台湾を征服し、翌年「遷界令」が解除され、上海・寧波・厦門・広州が海外貿易港として開かれると、東南沿岸部の海商はふたたび活発に海外貿易に乗り出す。ところが一七五七年、清朝は外国船との貿

**▼朝貢貿易**　明朝は周辺諸国の君主に「王」の称号を授け（冊封《さくほう》）、各国の王は明朝に使節を派遣して各国の産品を献上し、中国産品を下賜された。これが朝貢貿易である。朝貢使節には商人団が随行し、交易をおこなうことも許されており、実質的にはこちらが貿易の中心であった。

**▼倭寇**　十四世紀の前期倭寇は日本人が主体で、おもに朝鮮半島や華北沿岸を襲撃した。これにたいして十六世紀の後期倭寇は、中国人と日本人が混在し、中国東南沿岸で密貿易や略奪をおこなった。

**▼鄭成功**（一六二四～六二）　鄭芝龍を父、日本人を母として平戸に生まれた。福建沿岸で清朝に抵抗を続け、さらに一六六一年にはオランダ人を駆逐して台湾に拠点を移したが、まもなく病死した。

易を広州一港に限定したため、その後は「広東十三行《かんとんじゅうさんこう》」▲と呼ばれる特権商人が、外国船との貿易を独占し、茶や絹などの中国商品を輸出して巨富を築いた。ただし中国の貿易船が、浙江や福建から海外に渡航することは許されていたので、その後も福建商人は東南アジア貿易、寧波商人は日本貿易で活躍を続け、福建・広東から東南アジアに移住する華僑も急増していった。また福建商人は台湾からの米穀輸入を担うとともに、広東商人とともに華南と江南を結ぶ南洋海運に進出し、一方で寧波商人は、江南と華北・満洲を結ぶ北洋海運に乗り出していった。

アヘン戦争の結果、一八四二年には広州のほか、厦門・福州・寧波・上海の各港が開港された。これをチャンスに急速に勢力を拡大したのが寧波商人である。寧波商人は、広東にかわって最大の貿易港となった上海を拠点に、急速に勢力を拡大した。上海の貿易や流通を押さえた寧波商人は、徽州商人が握っていた長江流域の市場をしだいに奪い、金融業・製造業・航運業にも進出して、十九世紀後半には、徽州商人・山西商人を追い落として最大の商業勢力となっていくのである。

**▼遷界令**　清朝は鄭氏勢力の海外貿易を封じ込めるため、一六五六年には民間商船の海外貿易を禁じ、さらに六一年には、東南沿海の住民を強制的に内地に移住させ、沿海部を無人化した。

**▼広東十三行**　一六八六年、広州では特定の商人に外国商船との取引を独占させ、関税納入を請け負わせた。これらの特権商人（公行）を「広東十三行」と総称する（実数はかならずしも十三ではない）。十九世紀にはアヘン密貿易の拡大などにより公行の経営は悪化し、南京条約によって公行の貿易独占は廃止された。

**清代の徽州府周辺**

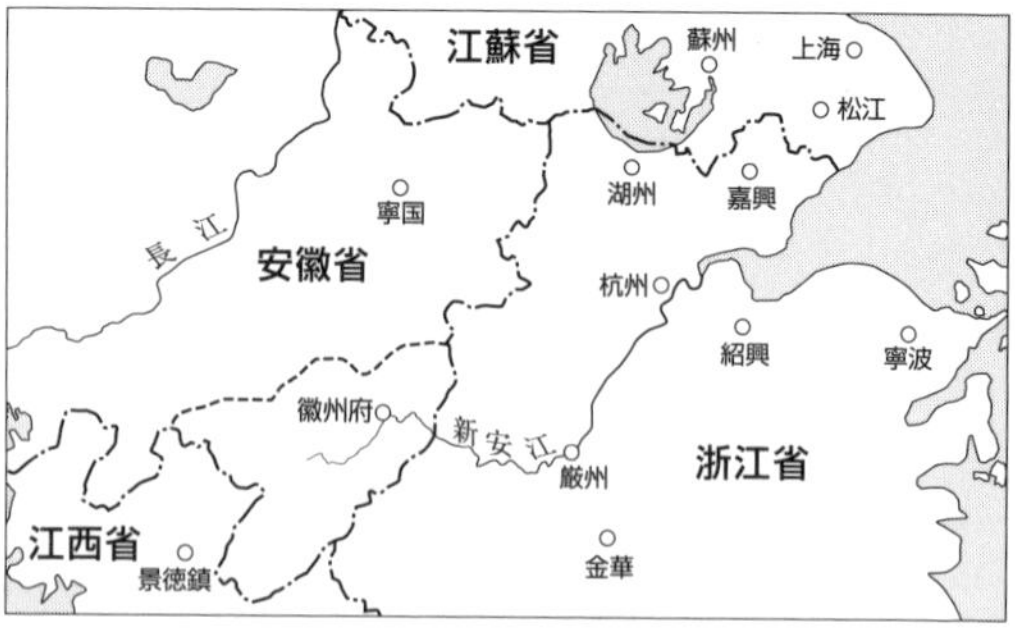


▼**南直隷**　明朝は北京と南京の二か所を国都として、北京を中心とする現在の河北省を「北直隷」、南京を中心とする現在の江蘇省・安徽省を「南直隷」と呼んだ。

## 徽州商人の故郷

さて、本書の主人公である徽州商人は、山西商人よりやや遅れて、十五世紀後半に勃興し、十九世紀前半まで、およそ三五〇年にわたって、山西商人とともに中国商業の両横綱の地位を保ち続けた。彼らの故郷は、江南デルタの南西の山間地に開けた盆地である。上海から飛行機で徽州に向かうと、まず江南デルタの水田地帯を過ぎて、天目山《てんもくざん》と呼ばれる山間地帯にはいっていく。やがて眼下に、新安江《しんあんこう》にそって開けた緑豊かな盆地が見えてくる。それが徽州盆地である。盆地の北側には、中国を代表する名山で、世界自然遺産でもある黄山の山系が連なり、盆地のあちこちには、これも世界文化遺産に登録された、明清時代の多くの民家を残す村落が点在している。

徽州府は明代には南直隷《みなみちょくれい》▲、清代からは安徽《あんき》省に属し、現在では黄山《こうざん》市《し》と呼ばれている。新安江にそった盆地の中心部には、歙《しょう》県・休寧《きゅうねい》県の二県が、その上流には、黟《い》県・績渓《せきけい》県の二県がおかれている。新安江はやがて浙江省にはいり、銭塘江と呼び名を変えて杭州湾にそそぐ。一方で徽州府の西部は、江西省へと流れる水系の上流部に位置し、婺源《ぶげん》県・祁門《きもん》県の二県がおかれている。スキナーの「大地域」区分によれば、徽州府は「長江下流大地域」と「贛《かん》―長江大地域」の境界部にまたがっているのである。

　徽州盆地は、もともとは照葉樹の原生林におおわれた森林地帯であり、「山《さん》越《えつ》」▲と総称される民族が、粗放な稲作や狩猟採集をいとなんでいた。やがて三世紀ころから、華北の戦乱や気候の寒冷化によって南方へ移住した漢族が、この盆地にも点々と入植しはじめる。しかし徽州の地域開発が本格化するのは、唐代末期の戦乱を避けて、大量の移住民が流入した九世紀からである。彼らは山越系の人びとと融合しながら、まず山地から河川が流れでる扇状地の頭部から水田開発を進めるとともに、周囲の山地では木材や茶などの商品生産をおこなった。宋代にはいると、水田開発は盆地全体に広がり、十三世紀ころまでに、徽州地域の農業開発はほぼ完成に達した。その後は人口にたいする耕地の不足がしだいに深刻化し、そのことが徽州の人びとを、外地での商業活動に向かわせる大きな要因になっていく。

　明清時代には、経済の中心地である江南デルタ（二五頁参照）から、南北と東西に伸びる三つの基幹的な商業ルートがあった。まず第一は、江南から長江を

**▼山越**　もともと華中・華南の照葉樹林地帯には、華北平原の漢族とは別に、「百越」と総称される民族が居住していた。とくに長江以南の山間・丘陵地帯に居住する越族を「山越」と称する。

**徽州府地図**

**三つの基幹商業ルート**（明代）

遡って長江中流・上流にいたるルートである。第二は、江南から大運河を北上して華北・北京に達するルートである。そして第三には、長江下流から江西省を河川で南下し、分水嶺をこえて広東にはいるルートがあった。徽州盆地はこの三つのルートへのアクセスがよく、それが徽州商人が全国市場に乗り出すうえで大きなメリットとなった。徽州盆地から新安江をくだって杭州に出れば、江南デルタや大運河に容易に出ることができ、陸路で北方に向かえば長江流域に出ることもできた。また水路で西南に向かえば、江西をへて広東や福建にアクセスできたのである。

## 宗族と徽州文書

徽州商人の活動とともに、宋代以降の徽州社会を特徴づけるのが、「宗族《そうぞく》」と呼ばれる同族集団の成長と繁栄である。徽州に流入した移住民が地域開発を進めていくなかで、しだいに有力な同族集団が成長し、水利事業や山林開発などを主導して、多くの農業資源を占有するようになっていく。このような男系同族集団が「宗族」である。宗族は浙江・福建・広東などの東南中国各地で広

**▼佃僕**　地主に労役などを負担する義務を負う、従属性の高い小作農。明清時代の徽州では、有力な地主や宗族が多くの佃僕をかかえ、田地や山林を耕作させるとともに、冠婚葬祭などのさいに労役を提供させていた。

**▼風水**　風水とは、都市や村落、住宅や墳墓を建設するにあたり、適切な地形や方位に従って、大地を流れる「気」を居住環境に取り込み、安寧と繁栄をえるための技法をいう。

**理想的な村落風水**

出典：陸林等『徽州村落』安徽人民出版社，2002による

く発達したが、とくに徽州では、有力な宗族が、宋代から近代にいたるまで、安定した勢力をもち続けていた。こうした有力宗族は、おおむね地域開発の初期に開かれた村落を本拠として、貧しい農民や遅れて流入した移住民などを、「佃僕《でんぼく》」▲として従属させていった。とくに十六世紀ころから、宗族形成はいっそう拡大し、有力宗族は一族の系譜を記した「族譜」を刊行し、大規模な「祠堂」を建設して祖先祭祀をおこない、宗族活動を支えるファンドとして、「族産」を設置するようになる。

　こうした有力宗族の居住する村落は、おおむね風光明媚な田園地帯に位置している。村落の背後には丘陵が連なり、前方には河川が流れ、その向こうには肥沃な水田が連なるという地形が、「風水▲」上も理想的であり、また農業生産のうえでも住環境としても好適であった。村落には一族の住居が密集して並び、宗族全体の祖先を祀る「祠堂」、一族の官僚などを表彰する「牌坊《はいぼう》」、子弟を教育する「書院」、知識人のサロンである「文会」などが建てられ、まわりの山裾には祖先の墳墓が点在していた。徽州商人の活動も、このような宗族のネットワークと相互扶助に支えられていた。そして商業活動の利益も、祠堂の建設や族産の設置などに投じられて宗族に還流し、また宗族から官僚や知識人を輩出するために、優秀な子弟の教育費にも向けられた。

　さらに徽州では、現在にいたるまで多量の古文書が伝えられている。これが「徽州文書」と呼ばれる文書群である。日本やヨーロッパでは、中世・近世以来の膨大な古文書が保存されてきたが、中国ではそれに比べて、はるかにかぎられた古文書しか残されていない。中国ではたびかさなる戦乱によって多くの文書が散逸し、その後の土地改革▲や文化大革命▲でも、多量の文書が焼却された。さらに中国では、兄弟が家産を均分相続したため、家や家産を安定的に受けつぐことが難しく、また村落や都市、寺社や教会などが文書を保存する制度が発達しなかったことも、古文書が残りにくい大きな原因であった。

　しかし徽州では、有力な宗族が長期間にわたって続いたことを背景として、地主の家や宗族組織が、十四世紀から二十世紀にいたる大量の文書を保存してきた。一九五〇年代のはじめには、徽州でも土地改革にともなって多数の文書が廃棄されたり、古紙業者に売られたりした。しかし一九五〇年代後半から、こうした「徽州文書」の史料的価値が注目され、徽州各地の農村で文書が買い

**▼土地改革**　中国政府は一九四五～五三年に、まず東北・華北、ついで華中・華南で全面的な土地改革をおこない、農民を地主・富農・中農・貧農などに分類し、地主や富農の土地を貧農などに分配した。その過程で、各地で大量の土地売買文書が地主制の象徴として焼却された。

**▼文化大革命**　一九六六年、毛沢東は文化大革命を発動し、紅衛兵《こうえいへい》を動員して劉少奇《りゅうしょうき》などの実権派を打倒した。文化大革命は、七六年に毛沢東が死去するまで続くが、とくに六〇年代後半には、文革派の主導で多くの歴史的な文物や建築が封建制の象徴として破壊され、契約文書もふたたび大量に破棄された。

棠樾《とうえつ》村の牌坊群

棠樾村の敦本祠（鮑氏の宗祠）

出典：熊遠報『清代徽州地域社会史研究』汲古書院，2003による

**歙県《しょうけん》棠樾村の絵図**　清代に揚州の大塩商を輩出した鮑氏の同族村落。村落の中央には塩商の豪邸が整然と並び、東側には道路にそって牌坊が連なり、その対面に祠堂、書院、文会などがある。北側に山地をひかえ、村の前面には河川が流れ水田が広がり、その前方に低い丘陵があるという理想的な村落風水である。

棠樾村の水路と民家

**徽州文書**　一三七一年の戸帖(戸籍証書)

集められ、中国各地の図書館・博物館・研究所などに売られていった。現存する徽州文書の総数は不明であるが、一説には四〇万件近いともいわれ、その内容も、土地や租税だけではなく、訴訟・宗族・商業・信仰・民衆文化など多方面にわたっている。一九八〇年代ころから、徽州文書は明清時代の社会経済の実態を示すまたとない史料として注目を集め、徽州文書と徽州商人の研究を両輪とする「徽州学」(徽学)は、明清史研究のなかでもとくに活発な分野の一つとなっている。

# ②―明代の徽州商人

## 徽州商人の台頭

徽州《きしゅう》の人びとは、宋代から地域開発を進めるとともに、商人としても外地で活動していた。しかし明代前期までは、徽州の商人は、おもに地元産の材木や茶などを移出して、穀物を移入する地方的商人の一つにすぎなかった。徽州商人が全国的な商人集団として台頭するのは、明代中期、十五世紀末のことである。

徽州商人は、まず政府と結びついた塩商人として頭角をあらわした。中国では広大な国土にたいして、塩の産地は沿海部といくつかの内陸地にかぎられている。このため歴代の中国王朝は、塩の生産と販売を統制して、生産費の何十倍もの価格で人民に売りつけ、それを重要な財政基盤としていた。そして明代には、塩業による収入を、北方国境における軍糧調達のためにあてていた。明朝は元朝をモンゴル高原に追って中国を統一したが、その後も北方ではモンゴル勢力が大きな勢力を保ち、華北一帯はつねにその脅威にさらされていた。こ

**▼九つの軍管区**　一四四九年の土木の変のあと、明朝は北方防衛の強化のため、国境地帯を九つの軍管区（九辺鎮）に再編した。各軍管区には、数千〜数万の騎兵・歩兵が常駐しており、九辺鎮への軍糧や軍需品の補給が、明朝の財政支出のかなりの部分を占めた。

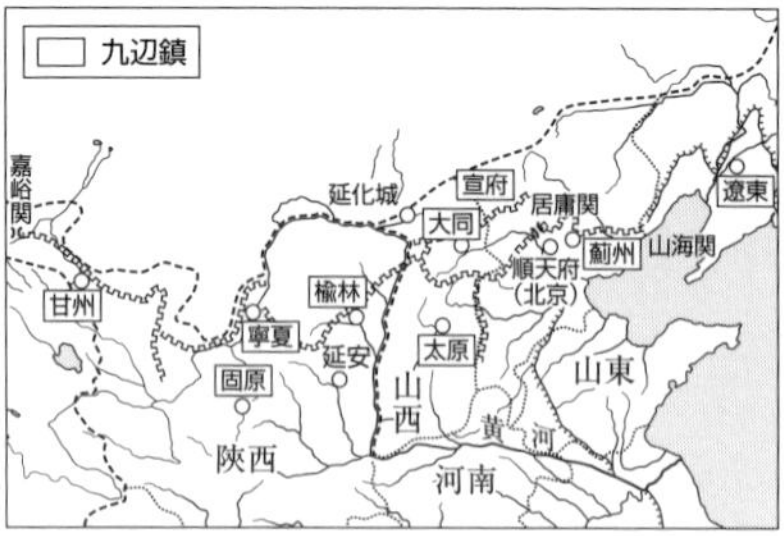

出典：岸本美緒・宮嶋博史『明清と李朝の時代』中央公論社，1998による

のため明朝は、遼東《りょうとう》半島から甘粛《かんしゅく》にいたる、万里の長城のラインを九つの軍管区▲に分け、膨大な軍隊を駐留させていた。これらの駐留軍に大量の軍糧を供給するため、明朝は兵士に屯田をおこなわせたり、華北の農民から徴収した穀物を、農民自身に北辺まで運ばせたりしたが、それだけでは不足であった。そこで明朝は、北辺の駐留軍に穀物を納入した商人に、代価として塩の販売を許すことにしたのである。

塩を販売しようとする商人は、穀物を北辺の軍隊に納入し、納入証明書を受け取った。そして商人は、指定された塩産地で、証明書と引き換えに塩の販売許可証（塩引《えんいん》）を受領し、塩を指定された地域まで運び、高値で民衆に売りつけて利益をえた。このようなシステムを「開中法《かいちゅうほう》」と称する。開中法に応じるためには、やはり北辺に近い地域の商人が有利であった。こうして明代前期に塩商として台頭したのが、山西・陝西商人である。ただしこの開中法では、穀物を北辺に輸送して、さらに遠方の塩産地まで赴く必要があるため、どうしても輸送や移動のコストが高くなる。そこで十五世紀末には、開中法の改革がおこなわれた。新しいシステムでは、塩商は北辺に穀物を納入する必要はなく、直接に塩産地の「塩運司」に赴いて銀を納入し、塩引を受領して、塩を所定の地域で販売した。塩商が納入した銀は、塩運司から北京の戸部に集められ、戸部はその銀を北辺の駐屯地に送って、軍糧を購入させたのである。

この新システムのもとでは、北辺に近い地域の商人よりも、むしろ塩産地に近い地域の商人のほうが有利である。このチャンスをつかんだのが徽州商人であった。明代には大きく分けて一一の塩産地があり、それぞれに販売区域（塩法区）が定められていた。そのなかで生産量が最大で、販売区域ももっとも広いのが、両淮塩法区である。両淮塩法区の拠点は長江下流の揚州《ようしゅう》におかれ、その管轄範囲は、長江中流・下流の大部分を含み、清代には全国の販売額の四分の一を占めていた。また杭州《こうしゅう》を拠点とする両浙塩法区は、両淮ほど広大ではないものの、浙江省のほか、経済の最先進地である江南デルタ▲も含んでいた。「開中法」の改革を契機に、徽州商人は揚州と杭州に進出し、やがて山西・陝西商人を押さえて、両淮・両浙の両塩法区で、もっとも有力な塩商となっていく。

**▼江南デルタ**　長江下流の南岸に広がる江南デルタは、中国でももっとも肥沃な水田地帯である。デルタ南西部の丘陵・台地では、川沿いの支谷で早くから稲作が発達し、その東側の太湖を中心とした平地でも、十世紀ころから水利が整備され水田開発が進んだ。

**明代の塩法区**

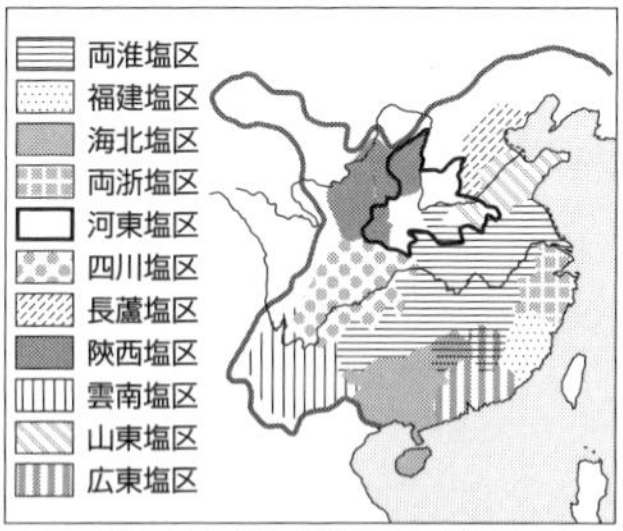

出典：橋本万太郎編『漢民族と中国社会』山川出版社, 1983による

蘇州《そしゅう》郊外のクリーク（「姑蘇《こそ》繁華図」）

▼クリーク　江南デルタの中心部では、宋元から明代にかけて、未開発の低湿地に縦横に水路（クリーク）を掘って排水し、その内部を水田化していった。クリークは排水路とともに運河の役割もはたし、その交差点にはしばしば市場町が形成された。

## 江南経済と徽州商人

徽州商人が塩商として台頭した十五世紀末は、ちょうど中国経済が沈滞から成長へと向かう転換期であった。すでに述べたように、明の洪武帝は戦乱や天災で荒廃しきった農村の再興に努めたが、国内商業や海外貿易の自由な発展には抑圧的であった。さらに十四世紀には、大量の銅銭や銀が中国から流出したため、貨幣不足も深刻であった。しかし十五世紀後半になると、農業や手工業の着実な成長を背景として、国内流通はしだいに上昇局面にはいり、江南デルタ地帯を中心に、都市部の商工業もふたたび活性化しはじめる。

江南デルタは宋代から「蘇湖熟すれば天下足る」といわれたように、最大の穀倉地帯であった。江南デルタの中心部は、太湖を中心とした低地であり、クリーク▲を縦横に掘って排水をおこない、湿地を水田化していた。またクリークの堤には桑が植えられ、養蚕業も発達していく。一方、デルタの東部には海岸にそって微高地が連なり、ここでは明代から、綿花が栽培され綿織物業が普及するようになった。十六世紀までには、江南デルタの水田開発はほぼ限界に達し、商品生産や手工業がこの地域の経済を支えるようになる。

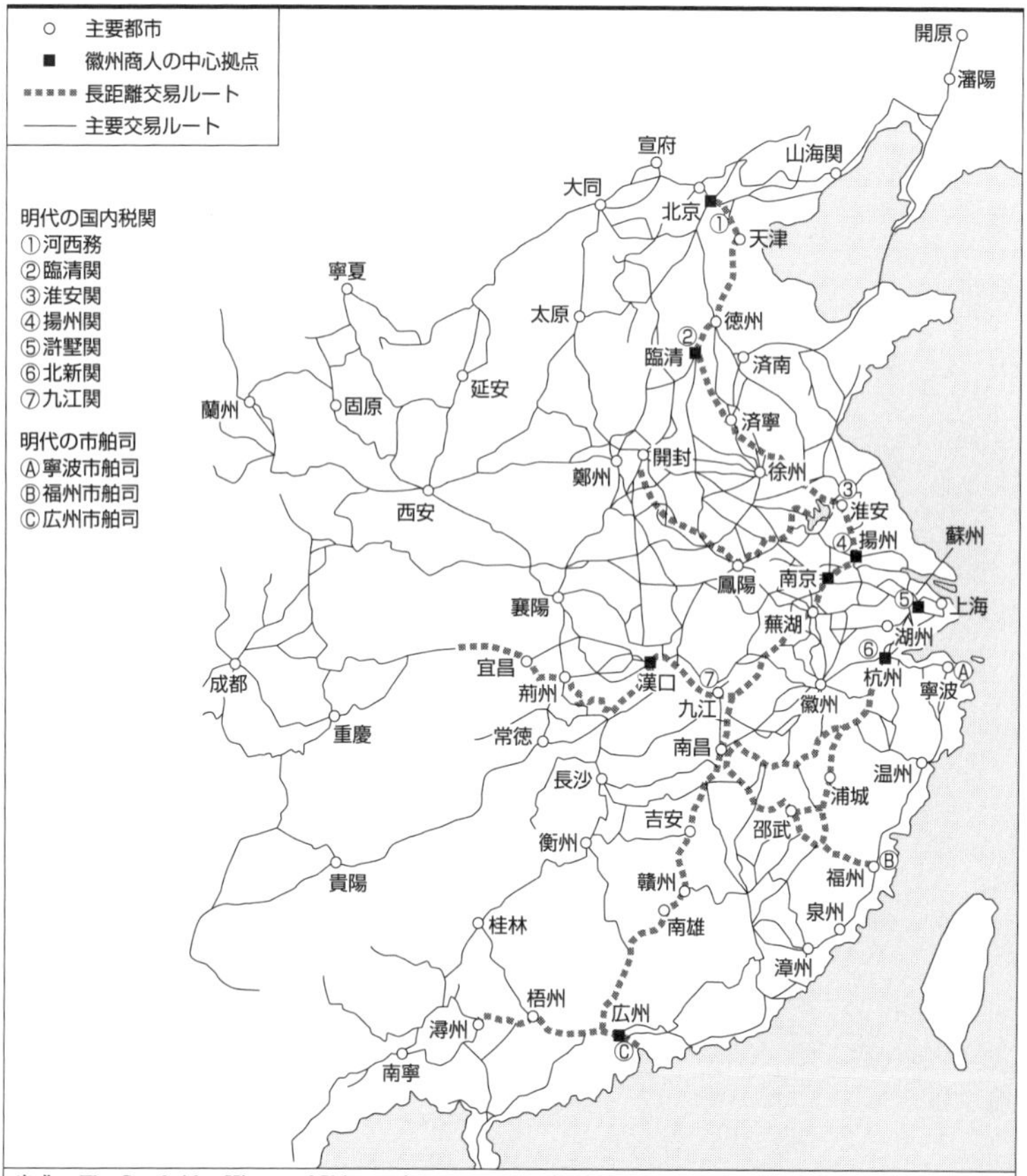


出典：*The Cambridge History of China*, vol. 9, part 1, Cambridge University Press, 2002

**●徽州商人の商業ルート**　長江下流を中心に、河川・運河・陸路による長距離交易ルートが伸び、その間に華北はおもに陸路、華中・華南はおもに水路による交易ルートがはりめぐらされていた。徽州からは放射状に交易ルートが伸び、長江下流や長距離交易ルートにリンクしている。とくに長江下流の揚州・蘇州・杭州、国都の北京・南京、華北の臨清、華中の漢口、華南の広州が、徽州商人のもっとも主要な商業拠点であった。

江南デルタのなかでも、生糸や絹の生産は太湖にそった蘇州府や湖州《こしゅう》府が、綿糸や綿布の生産は東部の松江《しょうこう》府が中心であった。こうした製糸・織物業は、おもに農民の副業としておこなわれた。また都市や市場町では、専業の織物業者による、高級な絹や綿布の生産も発達していった。こうして生産された江南の生糸や織物は、他の産地を圧倒して、国内市場をほぼ独占するとともに、海外市場にも大量に輸出されていった。江南の生糸は日本への最大の輸出品であり、その代価として、膨大な日本銀▲が流入した。また福建海商によってスペイン領フィリピンに運ばれた生糸や綿布は、さらにアメリカ大陸にも運ばれ、その代価としてアメリカ大陸の銀▲がフィリピンをつうじて中国に流入した。

一方、かつては穀倉であった江南デルタでは、水田開発が限界に達し、非農業人口が増加したため、他地域からの穀物輸入に依存するようになった。そこで脚光をあびたのが長江中流の湖広《ここう》（湖北・湖南）や江西地方である。この地域には、長江の季節的な増水のため開発が難しい低湿地が広がっていたが、明代には堤防の造成や稲の品種改良によって、大規模な水田開発が進んでいった。十六世紀までには、長江中流地域は江南デルタへの米穀の一大供給地となり、

**▼日本銀**　一五二〇年代に石見銀山が発見され、ついで朝鮮から灰吹《はいふき》法という精錬技術が導入されると、日本は世界有数の銀の生産国となった。一五五〇～一六四五年に中国に流入した日本銀の総量は、三六〇〇～三八〇〇トンにのぼると推定されている。

**▼アメリカ大陸の銀**　スペイン領アメリカでは、一五四五年にポトシ銀山が発見され、さらに水銀アマルガム法という精錬技術が導入されて、銀の産出量が急増する。アメリカ銀は太平洋をわたってスペイン領フィリピンにも輸出され、さらに中国へと運ばれた。その総量は、一五五〇～一六四五年のあいだに二三〇〇トンにのぼったといわれる。

▼「湖広熟すれば天下足る」　湖広地方では、洞庭湖周辺の沖積平野に堤防を築いて、氾濫原をかこいこんで水田化した。さらに夏の増水期前に収穫できる占城《チャンパ》稲を導入したことにより、広大な低湿地が開発され、江南デルタへの米穀供給地となった。

**江南デルタの主要市鎮**

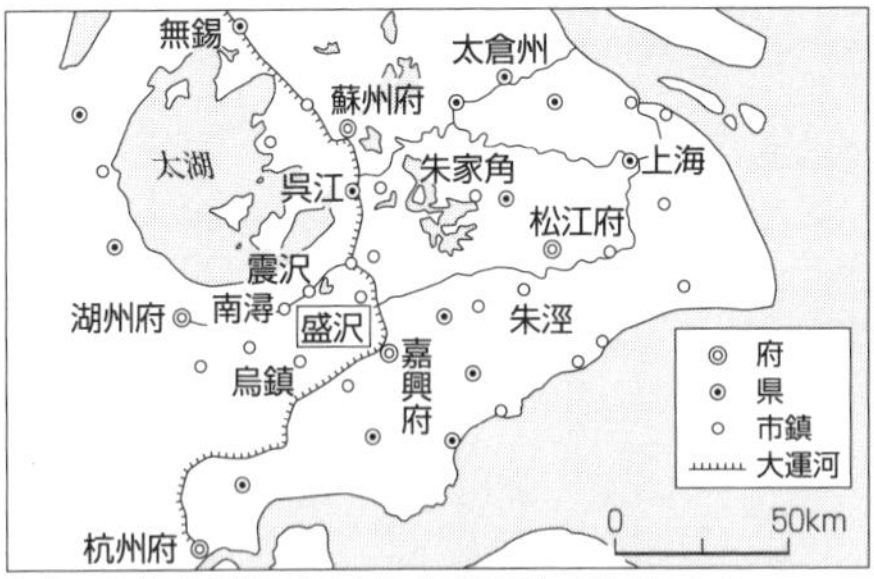


出典：山根幸夫『明帝国と日本』講談社，1977による

「湖広熟すれば天下足る」▲と呼ばれるにいたる。

このように明代後半には、江南から手工業製品が全国各地や海外に輸出され、国内からは穀物や原材料が、海外からは銀が江南へと流れ込むという、マクロな流通構造が形成されていった。そしてこの商品流通の大動脈を掌握することに成功したのが、徽州商人だったのである。当時もっとも需要の大きい商品は、塩・穀物・織物類であった。それらは万人にとっての生活必需品であるうえ、生産地と消費地の価格差も大きかったから、客商《きゃくしょう》の利益も多大であった。徽州の塩商は、揚州から長江をのぼって湖広や江西に塩を運び、帰りには湖広や江西の米などを積んで長江をくだり、江南デルタに供給したのである。

## 徽州商人と江南農民

さらに徽州商人は、江南デルタにおける手工業製品の生産と流通も掌握していく。江南デルタには、生糸・絹・綿布の集散地として、「市鎮《しちん》」と呼ばれる市場町がいたるところに成長した。こうした市場町はおおむねクリークの交点に位置し、農民は家内手工業によって生産した生糸や織物を小船で市場町に運

▼**「三言二拍」**　十七世紀前半の、馮夢龍《ふうむりゅう》編『喩世明言』『警世通言』『醒世恒言』、凌蒙初《りょうもうしょ》編『初刻拍案驚奇』『二刻拍案驚奇』の総称。講釈師が用いた語り物の台本（話本）にもとづく、口語体の短編小説集。

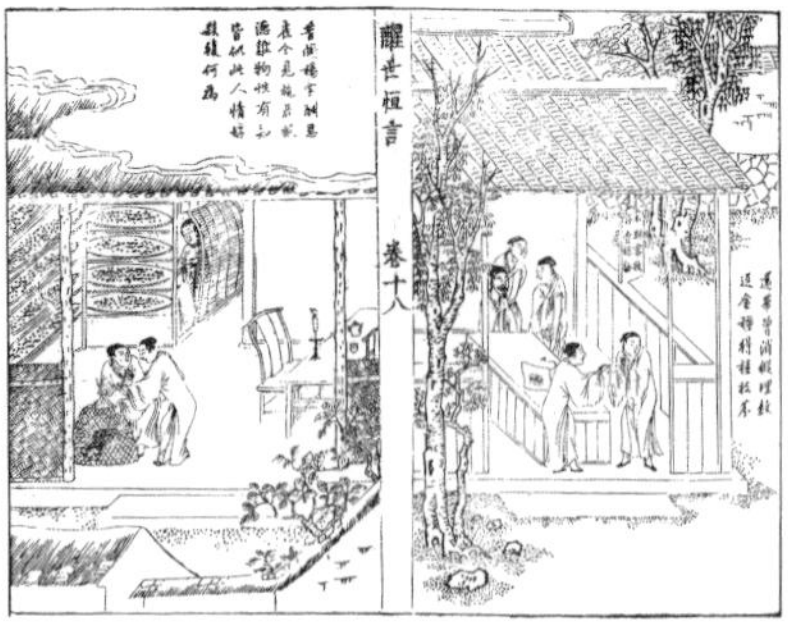


**『醒世恒言』さし絵**　施復が絹問屋で、拾得した銀を持ち主の商人に還す（右）。施復が養蚕農家を訪れ、桑葉を買いつける（左）。

んで現金を手にし、外地からの客商も市場町に集まって商品を仕入れた。徽州商人は江南各地の市場町に、「糸行」・「絹荘」・「布荘」などと呼ばれる問屋を開いて、農民から生糸・絹・綿布を買い付け、それを外地から訪れた客商に売却したのである。

とくに生糸や絹の最大の集散地として知られた市場町が、蘇州南方にある盛《せい》沢《たく》鎮《ちん》であった。「三言二拍」▲と総称される明末の短編小説集では、その繁栄をつぎのように描写している。

> 蘇州府の呉江県、県城から七〇里ほどに盛澤という鎮がございます。人口は多く、習俗は淳朴、みな養蚕をなりわいとしております。男女とも勤勉、機織りの音は夜通し絶えません。運河の両岸には絹や生糸の問屋が千百余家も立ちならび、遠近の村々で織られた絹は、みなここで売りに出されます。四方の客商がそれを買いに集まり、蜂や蟻が群がるよう、身動きもできず足の踏み場もないほどです。

この小説の主人公である施復が、問屋に絹を持ち込むようすも、つぎのように描写されている。

**盛沢鎮のクリーク**

**盛沢鎮の「先蠶祠」** 養蚕の神を祀り、生糸・絹商人の集会場としての役割もはたした。

施復は家内に織機を備え、年ごとに数籠分の蚕を育て、女房は生糸を紡ぎ夫は絹を織り、暮しを立てておりました。……ある日のこと、施復は四疋の絹布を織って、ていねいにふろしきに包んで市中へと参りました。人声もかまびすしく、大変な繁盛です。施復がなじみの問屋に着きますと、門口には絹を売る人びとがひしめき、店内には三・四人の絹商人が座り、主人は帳場に立って絹布を広げ、声に出して値踏みしています。施復は人混みをかき分け、主人に絹布をわたし、主人はふろしきを開き、一疋ごとにざっと目を通し、秤にかけて値段を告げます。そしてある客商に言うには、「この施さんは正直なやつだよ。まあ良い銀をわたしてあげな」。客商は良質の銀を選んで秤にかけ、施復にわたしますが、施復も持参の秤でひとはかり。すこし不足だと掛け合っていくぶん足してもらい、手を打ちました。（『醒世恒言《せいせいこうげん》』巻十八）

施復は機織りを専業として、女房が生糸を紡ぎ施復が絹を織っているが、農家が副業で機織りをおこなう場合は、生糸を問屋から買って、織りあげた絹を問屋に売ることも多かった。このような問屋の多くが徽州商人だったのである。

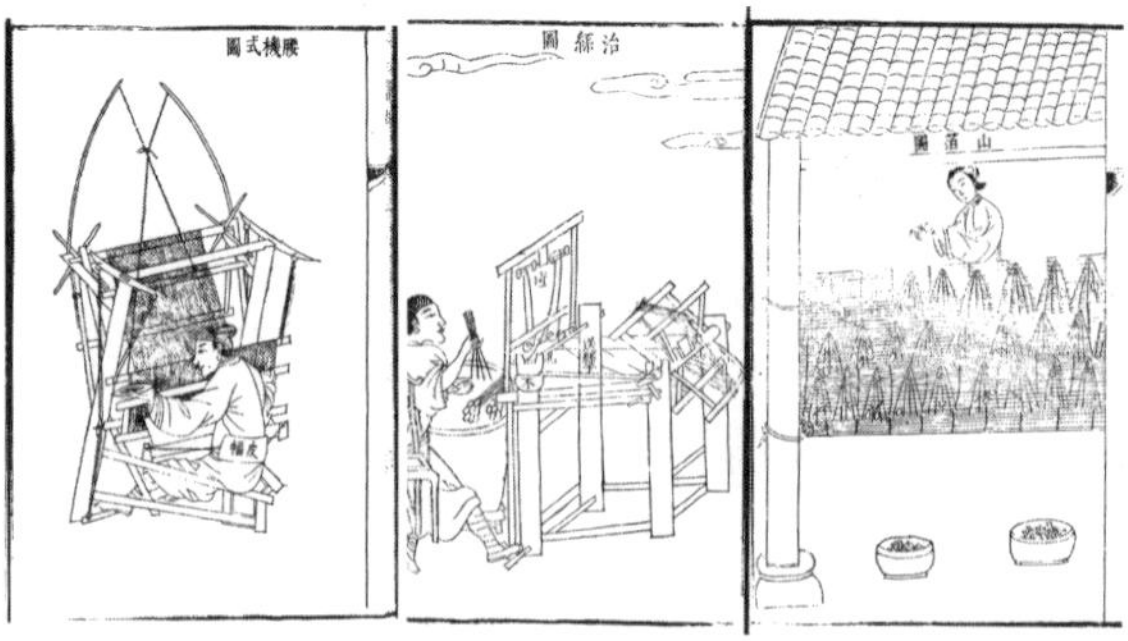

**生糸・絹の生産**（糸くりと機織り、『天工開物』）

明末の江南デルタでは、農民の一家は平均して一四・五畝《ムー》（約〇・九ヘクタール）ほどの田地を耕していた。米の収穫量を一畝あたり一・六石（約一六〇リットル）とすれば、総収穫量は二三・二石となる。ただし江南の農民には土地をもたない小作農が多く、収穫量の半分を小作米として地主におさめれば、手元に残るのは一一・六石にすぎない。家族五人が一年にそれぞれ三・三石の米を食べるとすれば、年間の消費量は一六・五石となり、小作米をはらった残りでは一年間の食用米にもとうてい足りない。このため農民は麦などの裏作をおこなうとともに、製糸や機織りによって家計を補充することが不可欠であった。

江南デルタの養蚕地帯では、農民たちは秋になって米を収穫し麦を蒔《ま》き終わると、小作米の支払いもそこそこに、収穫した米を「典当《てんとう》」と呼ばれる質屋に持ち込んで銀を入手した。農民たちはその銀で借金や税金を支払うとともに、市鎮で商人から桑や生糸などを買って、養蚕や機織りの準備をした。稲作と養蚕のピークがかさなる春先には、農民は目がくらむほど働き続け、ようやく仕上がった生糸や絹を市鎮の問屋に持ち込むが、商人は秤をごまかし、品質の低い銀をわたして買いたたいた。農民はこうして入手した銀を典当に持ち込み、

**徽州の農家での養蚕**（黟《い》県西遞《せいてい》村）

**▼臨清**　山東と河南を結ぶ衛河と大運河が合流する、華北平原における物流の中心地。江南から北京に送られる米穀や、華北の穀物・綿花などの集散地として発展した。

高い利息をはらって米を受け出し、端境期の食糧にあてたのである。江南農民の多くは毎年このような自転車操業を繰り返すばかりで、副業生産の規模を拡大し、富を蓄積することは難しかった。そして徽州商人は、江南デルタのあらゆる都市や市場町で問屋や典当をいとなみ、彼らの労働が生み出した利益を手中にしていったのである。

生糸や絹は、とくに海外への最大の輸出品であったが、国内市場でもっとも主要な商品は、大衆衣料として大量の需要があった綿布であった。かつては綿織物が盛んであった華北地方でも、明代後期には江南に原材料の綿花を輸出して、製品の綿布を輸入するようになっていく。徽州商人は大運河によって、江南の綿布を華北へと運んだが、華北における徽州商人の拠点となったのが、大運河の要衝である山東省の臨清《りんせい》▲であった。臨清には徽州商人が経営する問屋が建ち並び、客商がもたらす綿布などの商品は、臨清から華北一帯へ、あるいは首都の北京へと出荷され、華北の綿花や穀物も、臨清に集荷され、大運河を南下して江南へと運ばれていった。

黄汴《こうべん》『士商必要』の地図　明末、徽州商人の商業路程書の一つ。□でかこんだ九辺鎮が、徽州商人の商業ルートの北限であった。



## 北辺の徽州商人

徽州商人は、山西・陝西商人の地盤であった北方辺境にも進出していった。十六世紀以降、東南沿岸から流入した外国銀は、江南を中心に中国全土へと拡散していったが、そのかなりの部分は租税として北京の中央政府に吸収された。そして政府はその多くを、北方国境地帯の軍需費や、モンゴルとの交易の対価として投入したのである。この結果、長城にそった北辺には、膨大な銀が投下され、商業ブームが生じることになる。なかでも綿布や茶などの需要は大きく、多くの客商が利益を追って北辺に赴いた。

「三言二拍」にも、こうした北辺の徽州商人の成功物語がおさめられている。その舞台は明朝の東北辺の軍事地帯であり、満州や朝鮮の産物の集散地であった遼東である。十六世紀のはじめ、徽州商人の程宰《ていさい》は、兄とともに数千両の元手をもって遼東に赴き、内地と往復して特産品の朝鮮人参・松の実・貂の毛皮・真珠などを売買したが、どれもうまくいかず、数年のうちに元手を使いはたしてしまった。兄弟は郷里に帰る顔もなく、他の徽州商人に雇われて、帳簿つけや算盤勘定をして生計を立てていた。しかしその後、程宰は海神の化身である美女の加護を受けて、また商売に乗り出していく。

まずある薬材商が遼東にやってきたが、オウバクとダイオウが大量に売れ残ってしまった。程宰は美女のアドバイスにより、ありったけの銀一〇両でそれを買い付けた。数日後に遼東では急に疫病が流行して、薬材の価格が暴騰し、程宰は手持ちの商品を五〇〇両で売ることができた。しばらくして今度は湖北の客商が絹織物を売りにきたが、途中で商品が雨に打たれ、変色して売り物にならなくなってしまう。程宰はそれをまとめて五〇〇両で買いあげた。するとまもなく、江西省で皇族が叛乱を起こし、遼東の駐屯軍が鎮圧に向かうことになった。急なこととて軍服も軍旗もまにあわず、駐屯軍は品質を問わず高値で織物を買いあげたので、程宰が買った織物も三倍の一五〇〇両で売れたのである。さらにその後、程宰は蘇州の客商から、売れ残った大量の綿布を一〇〇〇両で買った。するとほどなく皇帝が死去し、全国で喪服用の白布が必要になった。遼東では綿布を生産しないので、人びとは争ってそれを買い求め、程宰は三〜四〇〇〇両で綿布を売ることができた。こうした商売を繰り返し、程宰は一〇両の元手を七万両近くまで増やしたという（『二刻拍案驚奇《にこくはくあんきょうき》』巻三七）。

▼**オウバク**（黄檗・黄柏）　ミカン科の落葉高木（和名キハダ）。漢方では樹皮を健胃剤・解熱剤・解毒剤として用いる。

▼**ダイオウ**（大黄）　タデ科の多年草。漢方では根を煎じて健胃剤・下剤として用いる。清代には日本との長崎貿易や、ロシアとのキャフタ貿易における主要輸出品でもあった。

**蘇州の漆器店**（「姑蘇繁華図」）　中央の建物、いちばん左の店が漆器店。

**▼藍**　タデ科の一年草。葉や茎から染料（インディゴ）を製造する。明代に綿布が大衆衣料となるとともに、その染料として、江南周辺の山間部で商品生産が拡大した。

この物語は、伝奇小説特有のご都合主義がめだつとはいえ、実際に多くの徽州商人が、北辺に進出して商業活動をおこなっていた事実を反映しているといえよう。程宰は当初は客商として、遼東の特産物を仕入れて内地で売買し、その後は「坐賈《ざこ》」として、客商がもたらす商品を、遼東の消費者に供給したわけである。

## 山林産品と合股経営

塩・織物・穀物と並んで徽州商人の重要な取引商品であったのが、木材・茶・藍▲・漆・紙・墨といった山林産品であった。徽州自体がこうした山林産品の名産地であり、すでに九世紀ころから、徽州商人は新安江《しんあんこう》などによって茶や木材などを販出し、穀物を輸入していた。さらに明清時代に徽州商人の主要な地盤であった長江中流・下流地域の周辺部には、長江の支流にそって山地や丘陵が広がっており、徽州商人はそこで産出される山林産品を、江南デルタをはじめとする全国に供給した。とくにこの地域には、徽州をはじめ浙江や湖南など茶の名産地が多く、中国全土はもとより、野菜のとれない遊牧民のビタミン

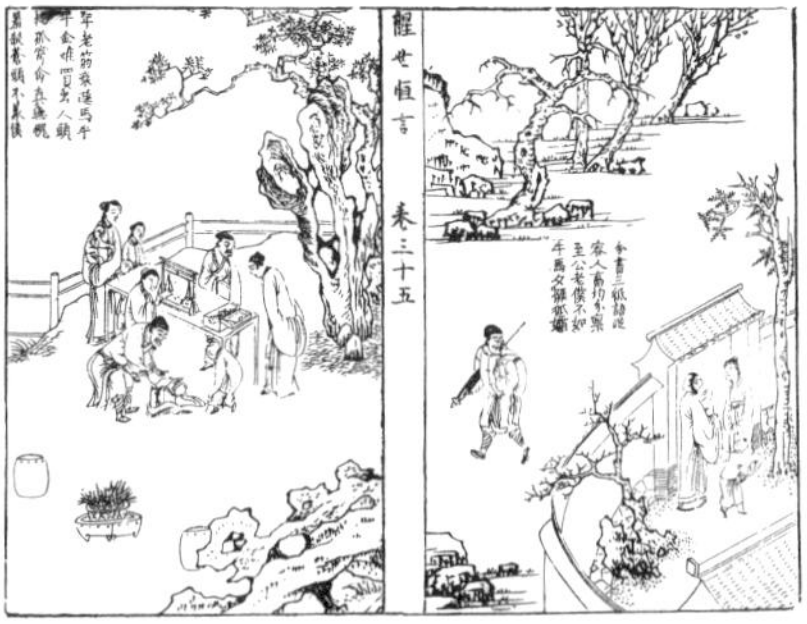


**『醒世恒言』さし絵**　阿寄が女主人から銀をあずかって商売に出る(右)。阿寄が商売で儲けた多額の銀を女主人に持ち帰る(左)。

源として、モンゴルやチベットなどの周辺地域にも大量に輸出された。また十六世紀以降、経済の発展にともなって、江南デルタなどでは建築用や造船用の木材の需要が急増しており、徽州商人は長江や新安江によって江南に木材を供給した。

「三言二拍」にも、徽州に隣接する浙江省淳安県を舞台にして、阿寄という老いた奴僕が、山林産品の売買によって女主人の苦境を救ったという話がおさめられている。阿寄は主人からなけなしの銀一二両を預かり、近くの山地に行って仲買人から漆を買いつけ、新安江をくだって蘇州に運び、倍以上の利益をえた。そこで米市場の相場がさがっていることを聞き、米を安値で買いつけて、大運河で米価があがっていた杭州に運び利益をえた。その儲けでふたたび漆を買い付け、福建で売りさばき、そこでまた米を買いつけ、海路で杭州に運んでまたもや一儲けした。最後には二〇〇〇両あまりの利益をえて、傾いていた主人の家運を盛り返したというのである(『醒世恒言』巻三五)。阿寄の成功譚は、さきほどの程宰の物語とともに、当時の商人の利潤が、主として商品の地域的・時期的な価格差によって利ざやを稼ぐことによってえられたこと、またか

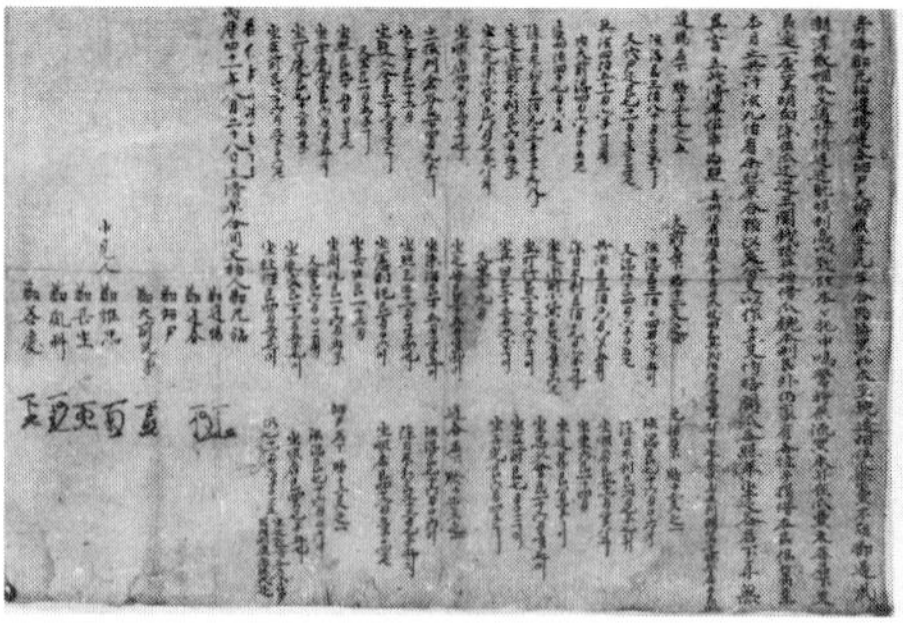

一六一三年の木材損失精算文書

ならずしも単一の商品のみをあつかったのではなく、状況に応じてさまざま商品を手がけたことなどを伝えている。

むろん現実の商売は、小説のようにうまくばかりいくものではない。徽州文書のなかには、木材売買の損失処理を取り決めた、一六一三（万暦四十一）年の証文が残されている。

> 奇峰《きほう》村の鄭元祜《ていげんこ》・逢暘《ほうよう》・逢春《ほうしゅん》・師尹《しいん》・大前《だいぜん》は、万暦三十九年に共同で杉木を買って伐採し、饒州《じょうしゅう》でいかだを組み、瓜洲《かしゅう》まで運んで販売した。ところが途中で風雨のため木材がばらけて流れ出し、また売れゆきも思わしくなく、利払いが遅れるばかりか、元手にも穴があいてしまった。……〔そこでこれまでの経費と損益を清算したところ〕……各自が借り集めた元手のうち、本月までに九〇〇両あまりの欠損がでたことがわかった。そこでもともと議定した分担割合に従って、この九〇〇両を一二等分し、各人が元来の契約〔での出資額〕に応じて負担することにする。……

奇峰村は徽州の祁門《きもん》県にあり、江西省の饒州はそのすぐ下流である。鄭元祐ら五人は、共同で出資して木材を伐採して、長江をくだって瓜洲で売り出した。

瓜洲は揚州の南、長江と大運河の接点にあたり、木材の大集散地であった。ところが運悪く九〇〇両あまりの欠損を出してしまい、その損失を当初の出資額に応じて償還することになったのである。この文書には各人の償還額も列記されており、たとえば鄭大前の償還額は、全損失の十二分の四にあたる三〇八両である。このうち彼自身の資金は一〇七両にとどまり、残りは宗族《そうぞく》の人びとや祭祀団体などから委託された資金であった。木材業はとくに多額の資金を必要とする事業であり、何人もの共同経営者が、自己資金のほか多くの委託資金を集めて運営することが多かった。商売がうまくいって利益がでれば、投資者の出資額に応じて利子と配当金を分配し、失敗すれば損失を引き受けるという形式がとられたのである。このような共同経営を「合股《ごうこ》」と呼び、明清から近代にいたるまで、中国の商工業では広くおこなわれた経営形態であった。

## 徽州商人の移動戦略

徽州商人は十五世紀末からの経済成長と国内商業の拡大の波に乗って、めざましい成功をおさめた。外地での商業は利益も大きいかわりに危険性も高い。

**徽州の書院**　黟県宏村《こうそん》の南湖書院。徽州商人として成功した汪氏が、一族の子弟の教育のため設立した。

さまざまなリスクを回避してチャンスを手にするためには、なによりも幅広い情報収集と、多くの局面での相互扶助が不可欠であった。そして徽州商人の商業活動において、こうした情報収集と相互扶助を可能にしたのが、全国に張りめぐらされた宗族や同郷人のネットワークであった。

さきに紹介した程宰の物語では、徽州商人の気風をつぎのように描写している。

　さて徽州の風俗はといえば、商業こそ第一の生業と考え、科挙《かきょ》に合格することはむしろ二の次なのです。……徽州の人びとはなにしろ商売を重んじるので、商人が故郷に帰ってくれば、外からは宗族の人びとや友だちが、内では妻妾などの家族が、持ち帰った儲けの多少だけで軽重をつけます。儲けが多ければ、だれもがにこにことすり寄ってきますが、儲けが少なければ、だれもが軽んじてせせら笑うのです。あたかも学問をして科挙合格をめざす若者が、合格して帰ったか、落第して帰ったかとそっくりです。

この表現はいささか大げさではあるが、当時の徽州の人びとが、激しい競争社会を生き抜き、社会的上昇をはたすために、商業を学問以上に現実的で有効な手段と考えていたことは確かであろう。徽州商人の伝記には、少年時代には科挙をめざして儒学を学んだが、経済的事情などによって、商業に転じたという記事が多い。徽州の有力宗族では、とくに学問に優れた優秀な子弟がいれば科挙を受験させたが、多くの者はより現実的に商業に従事し、または農業経営に専念し、あるいは医術や工芸などの専門技術を身につけるなど、それぞれの才能と環境に応じた移動戦略を追求したのである。この移動戦略とは、活発な外地移住による空間的移動と、柔軟な職業選択による社会的移動の双方を含んでいる。

　徽州の人びとの気質を一言でいえば、実業志向ということになる。人口のわりに耕地がかぎられた徽州の人びとにとって、江南のエリートのように、趣味や学問の世界だけに生きることは難しかった。とくに明末の徽州文化を特徴づけるのは、高度な観念的思想よりも医術・算術・風水術のような実学、高雅な文人画よりも営利向けの版画であった。こうした明末の徽州文化を代表する出版物として、徽州で刊行された「商業書」がある。現代でいえば旅行ガイドとビジネス本を合わせたような書物である。たとえば『士商類要《ししょうるいよう》』▲（一六二六年刊）

▼**『士商類要』**　正式には程春宇撰『新安原版士商類要』という。一六二六年に徽州で刊行された明末の代表的な商業書。全国を旅する商人や官吏などを読者として編纂された、実用的ガイドブックであった。

**徽州山村の牌坊《はいぼう》**　歙《しょう》県雷山村の「翰苑坊」。徽州の村落には、科挙合格者などを表彰した牌坊が多い。

では、まず徽州を出発点とする全国の交通ルートが詳細に記され、続いて商売のノウハウや心がまえを具体的に説き、さらに健康法・風水・人生訓・天気予報といった実用知識がまとめられている。この本が説く商売の要点は、かいつまめば信頼すべき取引相手や仲間を選び、良好な人間関係を築くこと、そして十分な商品知識をもち商機を逃さないことである。とくに成功のかぎを握るのが、有能で公正な牙行《がこう》(仲介人・仲買人)を選び、信頼関係を築くことであり、そのことが商品の買いつけでも売却でも成否を握るのである。

また「士商」というタイトルも示すように、「商」＝客商だけではなく、官僚や科挙受験生、富家の家庭教師やおかかえ文人、医師や風水師など、広い意味での「士」＝知識人も読者として想定されており、全国の行政区画・官制や科挙などの内容も盛り込まれている。要するに客商をはじめとする「旅する知識人」が携帯して、道中で参照できるような情報がコンパクトにまとめられているのである。『士商類要』は、まさに明末の徽州人による、幅広く柔軟な移動戦略のなかから生まれてきた書物であった。

石見銀山

▼**景徳鎮**　宋代から青磁・白磁の生産が発達し、元代には西アジア産のコバルトを用いた染付の生産も始まった。明清時代にはいっそう色彩豊かな赤絵も発達し、東・東南アジアだけではなく、西アジアや欧米にも大量に輸出された。

## 徽州商人、海へ

徽州商人はなによりも長江流域と大運河沿いを中心とする、国内長距離交易で活躍した商人集団であり、海上貿易については、やはり伝統的に沿海部の福建・広東・寧波《ニンポー》などの商人がだんぜん有力であった。ところが例外的に、徽州商人が中国の海外貿易を牛耳った一時期がある。それが十六世紀半ばの「後期倭寇」の時代である。

日本では一五二〇年代に石見銀山が発見され、銀の生産量が急増した。すでに述べたように、明朝は民間の海外貿易をいっさい禁止していたが、中国では十四世紀以来銀不足に悩んでおり、一方で日本では中国商品への需要が極めて高かったので、日本銀と中国産品の密貿易を押しとどめることは無理であった。そして徽州商人もこの密貿易に参入し、その主導権を握るようになる。江南デルタで生産される生糸・絹・綿布、江西省の景徳鎮《けいとくちん》▲で生産される陶磁器などは、日本や東南アジアへのもっとも主要な輸出品であった。徽州商人はこうした商品の、国内市場における流通を押さえただけではなく、なかには一攫千金を求めて、密貿易に乗り出す者もあったのである。

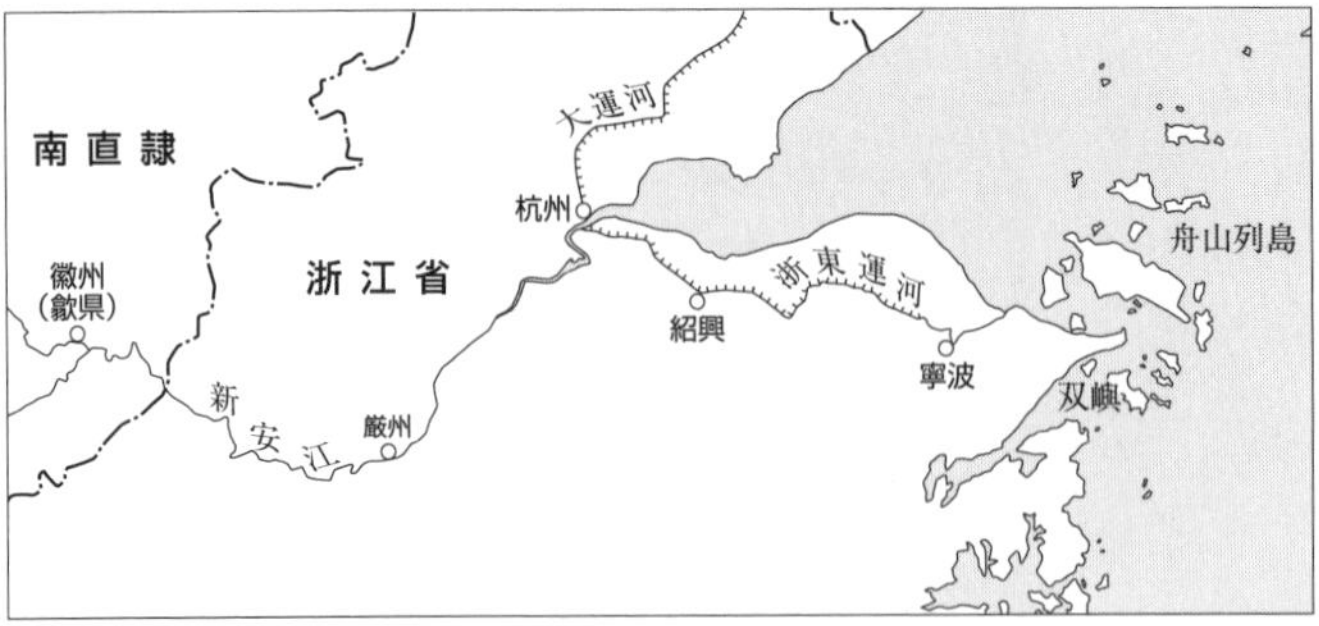


**徽州と浙江沿岸部**　徽州は内陸部であるが、河川と運河で寧波近海につながっている。

こうした徽州の密貿易者のリーダーが、歙県出身の許棟であった。彼は当初は南シナ海方面で密貿易をおこなっていたが、一五四〇年、ポルトガル人を双《そう》嶼《しょ》港の密貿易基地に引きこんだ。ポルトガル人は一五一一年にマラッカを占領してアジア貿易に乗りだし、ついで広東に来航して中国貿易に参入しようとしたが失敗し、福建沿海で密貿易をおこなっていたのである。双嶼港は寧波近海の舟山列島にあり、商品の供給地である江南デルタに近いだけではなく、東シナ海をこえて五島・平戸など九州北部にわたる窓口でもあったため、日中間の密貿易にはまたとない根拠地であった。双嶼には中国人・ポルトガル人をはじめ、日本人・東南アジア人などの海商が集まり、東シナ海における一大密貿易センターとなっていく。

しかし明朝当局は密貿易の拡大を放置しておくわけにはいかず、一五四八年、双嶼港を攻撃して貿易拠点を壊滅させてしまった。しかし明朝の強行処置は、かえって東南沿海のいっそうの混乱をまねくことになった。多くの密貿易者は双嶼を脱出して浙江・福建沿岸に散開し、密貿易だけではなく海賊行為や略奪に走るようになったのである。こうした混乱状態のなかで、にわかに頭角をあ

**舟山列島、双嶼港**　手前の二つの小島が「双嶼」の由来といわれる。

**五島列島、福江の「六角井戸」**　王直が使用したという伝承がある。

らわしたのが、やはり歙県出身の王直《おうちょく》であった。彼はもともと徽州の塩商であったが、商売に失敗して密貿易に乗りだし、広東と日本・シャムなどを往復して巨富をえたという。一五四三年に種子島に来航して鉄砲を伝えたポルトガル人も、彼の貿易船に同乗していたといわれる。翌一五四四年には、王直は双嶼の密貿易に加わり、許棟のもとで商品の管理・出納をつかさどった。双嶼の壊滅後も、王直は舟山列島に残って密貿易を続け、ライバルの海上勢力を倒してその船団を吸収し、東シナ海全域の密貿易を牛耳るようになっていった。

一五五三年、明軍の攻撃により王直は舟山列島を逃れ、五島列島と平戸に根拠地を移した。彼は西日本の諸大名と結びつき、「徽王」と自称して配下の船団を統率し、密貿易を展開した。王直はみずから中国沿岸を襲撃することはなかったのにたいし、九州南部の薩摩・大隅地方を拠点とし、直接に中国沿岸を襲撃した武闘派が、やはり歙県出身の徐海《じょかい》である。彼は数万人もの倭寇集団を率いて杭州湾に上陸し、江南・浙江一帯を荒らしまわった。

こうした倭寇の蔓延にたいし、朝廷は徽州府績渓《せきけい》県出身の胡宗憲《こそうけん》を派遣して、その鎮圧を命じた。胡宗憲はまず徐海の勢力を計略によって内部分裂させ、つ

**福江の「明人堂」**　五島に来航した明人が創建したと伝えられる。

**海澄港**　もともと「月港」と呼ばれる、福建最大の密貿易港であった。

いに徐海をとらえて処刑することに成功する。ついで胡宗憲は、王直にたいし、明朝に帰順して海賊禁圧に協力すれば、彼が舟山列島で日本との貿易をおこなうことを公認するともちかけ、王直はこの提案に乗って、一五五七年に胡宗憲に投降した。胡宗憲自身は、もともと王直の帰順を認めるつもりだったようだが、朝廷における強硬論に押されて、一五五九年には王直を処刑せざるをえなかった。

　一五六〇年代になると倭寇勢力の活動もしだいに下火になり、その活動範囲も江南・浙江から福建・広東方面に移っていく。そして一五六〇年代末には、福建南部の海澄《かいちょう》県から、民間の貿易船が東南アジア各地に渡航することが公認され、福建海商は南シナ海全域に貿易ネットワークを広げていった。徽州海商もこの貿易に参入したが、やはり明末の海外貿易をリードしたのは福建商人であり、十七世紀には鄭氏勢力が厦門を拠点として、東シナ海・南シナ海の海上貿易を掌握していくのである。

## ③—清代の徽州商人

### 明から清へ

徽州《きしゅう》商人の発展は、明代後期に一つのピークに達した。彼らの商業活動の中心は、高額な奢侈品よりも、塩・穀物・綿布・茶・木材などの、生活必需品の長距離交易であった。徽州商人は長江下流地域で生産された手工業製品や塩を、長江中流や華北をはじめとする全国に供給し、食料品や原材料を輸入したのである。その大動脈となったのが、江南と長江中・上流を結ぶ長江と、江南と華北を結ぶ大運河の水運であり、そこから毛細血管のように伸びた河川・運河・陸路によって、徽州商人の商業網は広がっていった。

十六世紀以降、中国には膨大な海外銀が流入し続け、国内流通を握る徽州などの大商人のもとには、大量の銀が集中した。その一部は、やがて生産者である農民の手にもわたるが、その多くは租税として徴収され、さらに北辺の軍事費や国境貿易の代価として投入された。そして北辺に投下された銀のかなりの部分は、軍需品や交易品を供給する大商人のもとへと還流したのである。この

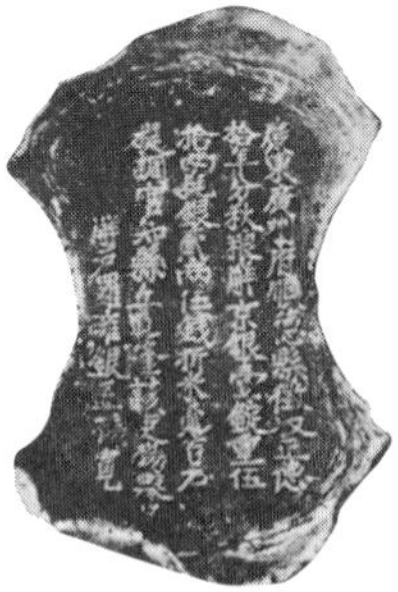

**明代の銀錠**（馬蹄銀）　一五一五年、広州府から北京に送られた税銀（金花銀）。

結果、明代後期には一部地域の商人や富裕層が、バブル的な好景気を享受する一方、農村部は銀不足による不況に苦しむことになった。

さらに一六三〇年ころから、地球の気温は急激に低下し、小氷河期と呼ばれる寒冷期をむかえる。中国でも飢饉や疫病が蔓延し、西北辺境に発生した農民叛乱は、たちまち華北から長江上流・中流一帯へと拡大した。一六四四年には農民叛乱軍が北京を攻略し、ついで満洲人の清朝が、叛乱軍を駆逐し、明朝の残存勢力を鎮圧して、中国内地の征服を進めていく。明末清初の戦乱は、徽州商人にも大きな打撃を与えた。華北や長江上流・中流の市場は飢饉と戦乱によって荒廃に帰し、長江下流の都市も清軍の破壊にさらされた。さらに清朝が鄭氏勢力を封じ込めるため、遷界令を発して沿岸部を無人化した結果、海外からの銀流入が急減し、中国経済は銀不足による深刻なデフレ不況に落ち込んでしまう。

しかし十七世紀末から状況は好転する。一六八四年に遷界令が解除されると、ふたたび海外からの銀流入が増加し、国内経済も好況へと向かった。気候もしだいに温暖化して、農業生産も回復し、人口も増加していく。経済成長が加速

**雲南省大理府**　長江上流からチベットに向かう「茶馬古道」の交易拠点であった。チベットからは馬・毛皮・薬材などがもたらされた。

するなか、徽州商人や山西商人は、清朝政府とも結びついて、二大商業勢力としての地位をかためていった。ただし清代には、徽州商人の中国北部での活動は、明代に比べて縮小する傾向にあった。まず清朝が中国内地を征服したことにより、遼東《りょうとう》から万里の長城にかけての軍事地帯と軍需市場が消滅してしまった。そのかわり清朝の領域の拡張によって、満洲・モンゴル・チベット・新《しん》疆《きょう》・ロシアなどの市場が拡大したが、これらの新市場は、おおむね地理的に近い山西・陝西商人に握られていく。また江南綿布の大消費地であった華北でも、明末清初からしだいに綿織物業が発達し、江南綿布の北方への輸出は減少していった。さらに清代には江南と華北・満洲を結ぶ北洋海運が急成長し、大運河による物流の重要性は低下していく。もちろん清代にも、徽州商人は大運河をつうじて、華北や満洲に絹・高級綿布・茶などの商品をもたらし、綿花や穀物を輸入していたが、全体として徽州商人の商業活動に占める、北方市場の重要性は低下していったのである。

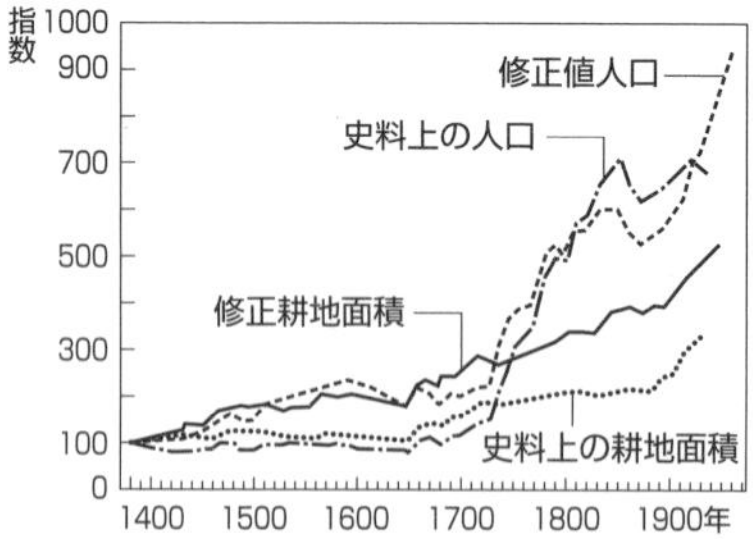


出典：橋本万太郎編『漢民族と中国社会』山川出版社, 1983による

**明代以降の人口と耕地面積**（一三八〇年を一〇〇とした指数）　十八世紀以降人口が急増する。耕地面積も増加しているが、人口急増には追いついていない。

## 長江交易の拡大

こうした北方市場の縮小にもかかわらず、清代にも徽州商人の商業活動は、全体として順調に発展し、十八世紀後半には、明末もしのぐ繁栄のピークをむかえた。それはなにより、徽州商人の最大の地盤である長江下流・中流地域の商品流通が拡大を続け、かつ彼らがそれをいっそうしっかりと把握したからである。つまり明代には、徽州商人の商業活動は、長江をつうじた東西方向と、大運河による南北方向の双方に向けて拡大していったが、清代には大運河による南北交易がやや縮小したかわり、長江による東西交易がそれを上回る成長を示したことになる。十九世紀前半の国内市場における主要商品の流通量は、穀物が四三％、綿布・綿花が二七％、塩が一五％、茶が八％、絹織物・生糸が七％であったと推計されている。長江流域におけるこうした大量消費商品の交易が、徽州商人の商業活動を支える大黒柱となっていったのである。

中国の総人口は十七世紀後半の一億六〇〇〇万人から、十八世紀後半には三億人に急増し、十九世紀前半には四億人をこえたが、そのなかでも長江上流・中流地域は人口増加率の高い地域の一つであった。とくに四川盆地では、移住

●清代の長江交易

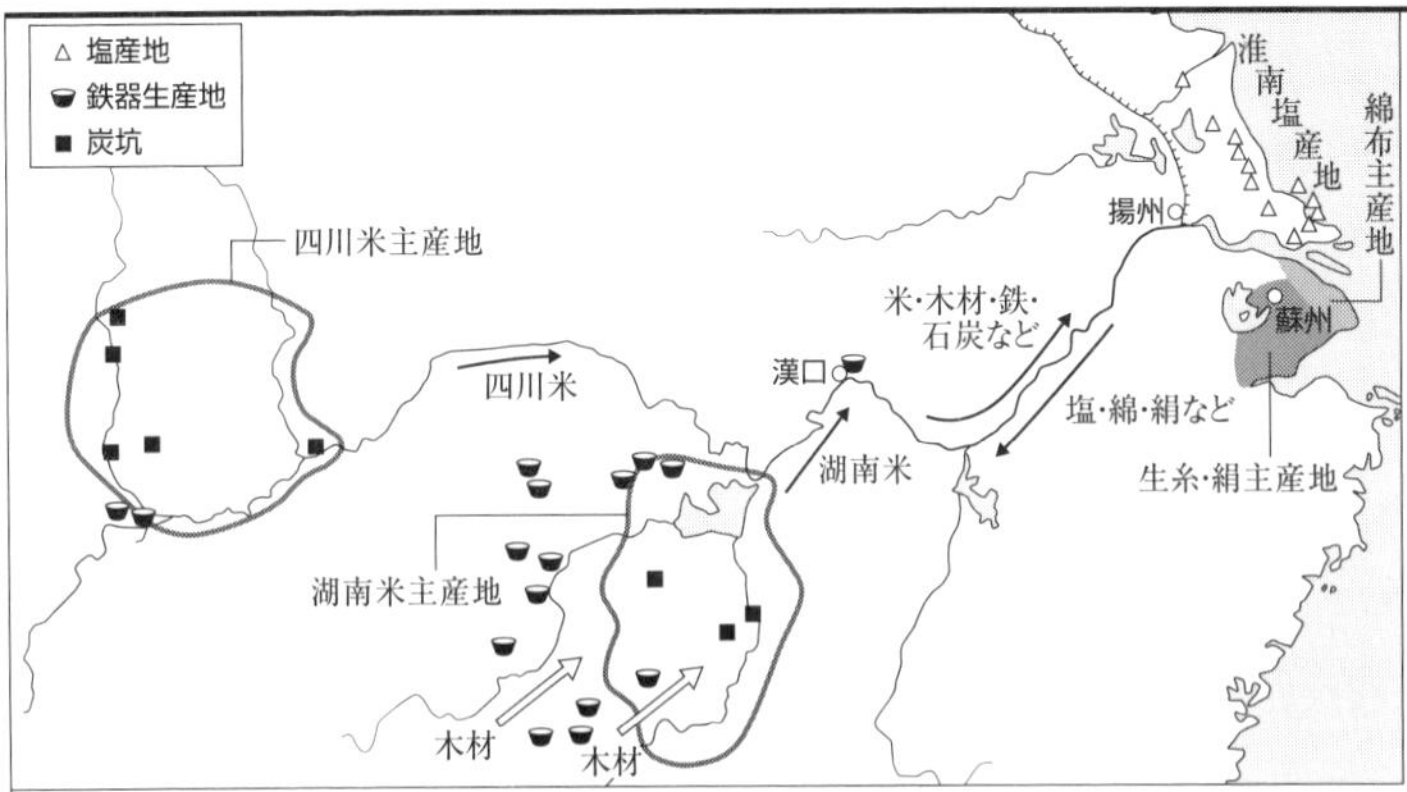


●清代の穀物流通

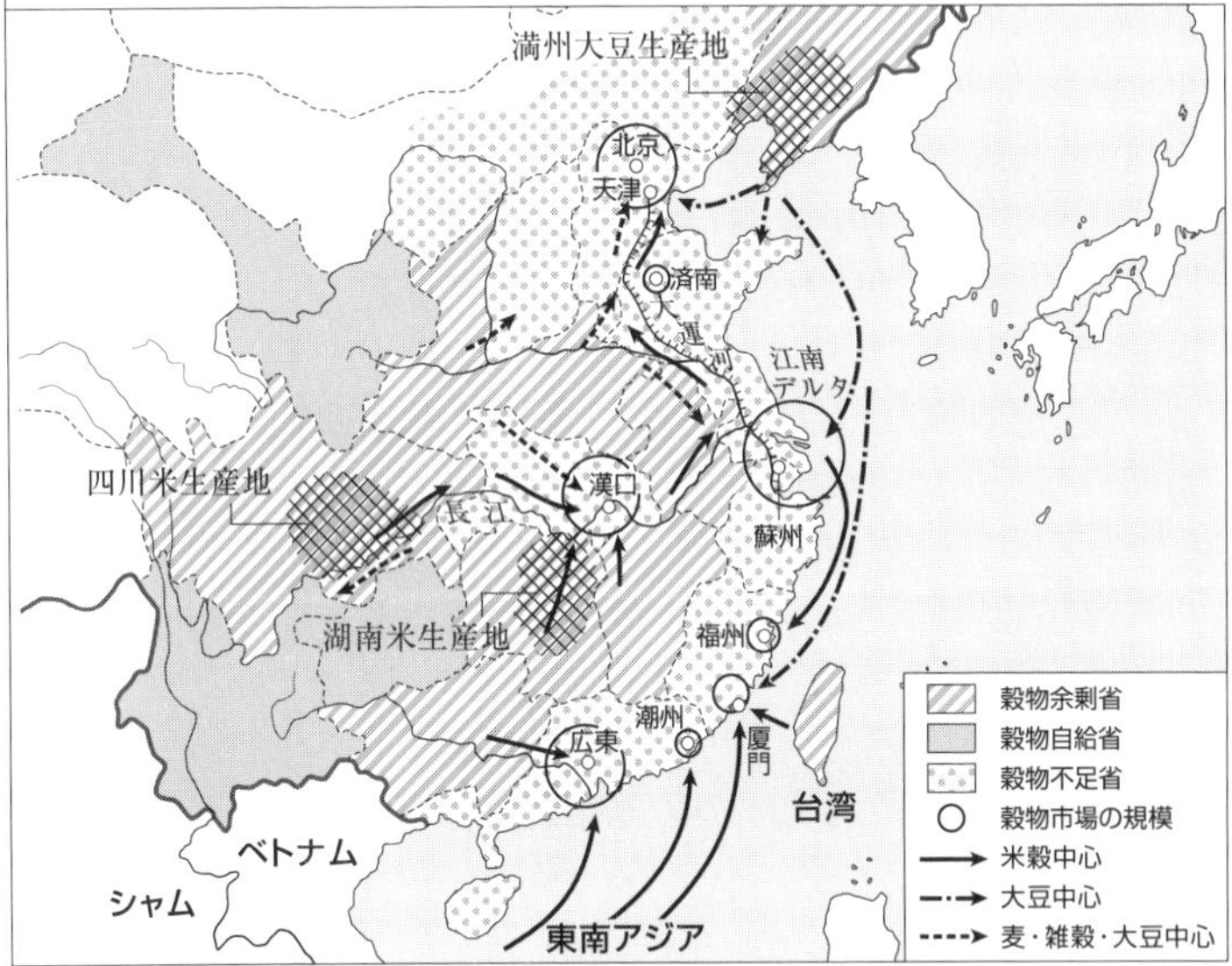


出典：*The Cambridge History of China*, vol. 9, part 1, Cambridge University Press, 2002

民による農業開発が進み、湖南平野と並ぶ中国有数の穀倉地帯となっていった。さらに十八世紀には、長江中・上流の周辺山間部の開発も進められていく。その原動力は、新大陸からもたらされたトウモロコシやサツマイモなどの作物の普及であった。これらの作物は、それまで農耕ができなかった丘陵や山地でも栽培できたため、山間地帯に多数の移住民が流入し、トウモロコシやサツマイモを主食として、山林開発を進めるようになった。この結果、長江流域の山間部には、新たに塩や綿布などの需要市場と、山林産品の供給市場が成長したのである。

長江流域における経済的な補完関係は、長江下流と湖南省を対比するとよくわかる。長江下流の江南デルタは織物業の中心地であり、両淮地域は塩の最大の生産地であった。一方で長江下流では、明代から大量の穀物を輸入しており、木材や藍などの山林資源や、鉄や石炭などの鉱物資源の需要もきわめて大きい。これにたいし湖南省は、江南デルタへの穀物の一大供給地であるとともに、周辺の山間部には山林資源がきわめて豊富であり、さらに有数の石炭や鉄の産地でもあった。その一方、湖南ではまったく塩がとれず、完全に両淮から運ばれ

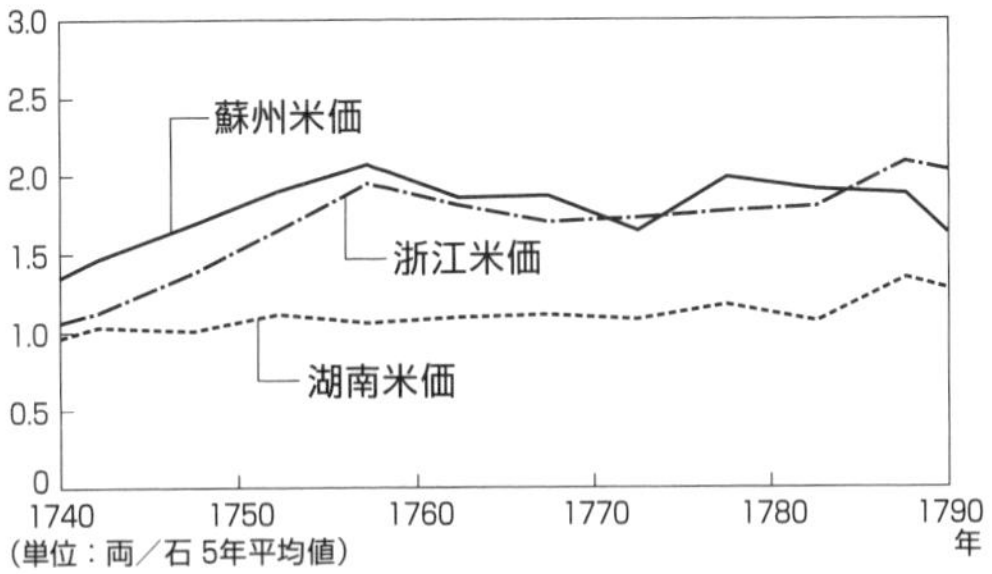

(単位：両／石 5年平均値)
出典：岸本美緒『清代中国の物価と経済変動』研文出版, 1997による

**蘇州・浙江・湖南の米価**（一七四〇〜九〇年）　蘇州・浙江の米価が、時には湖南の二倍近くに上っている。



る塩に依存していた。また湖南では土壌の関係で綿花が栽培できないため、綿布生産も未発達であった。このように長江下流の塩や手工業製品と、湖南の米穀・木材・石炭・鉄などの交易は、みごとに相互補完的な関係にあったのである。

とくに専売品である塩の販売は利益率が高かった。十九世紀前半には、両淮地域での塩の生産原価は一斤《きん》（六〇〇グラム弱）あたり銅銭一〜四文《もん》であったが、それを長江中流の漢口まで運ぶと四〇〜五〇文にはねあがり、消費者にわたるころには八〇〜九〇文になった。また揚州《ようしゅう》から漢口に塩を運んだ商人は、帰りには湖南や四川の米穀を江南にもたらしたが、十八世紀後半には、長江中・上流地域から江南に向けて、一年間で一五〇〇万石の米穀が輸出され、それは約五〇〇〇万人の食用米にあたったという。清代の徽州商人は、こうした長江流域の商品流通をしっかりと握ったのである。そしてその繁栄を支えたのが、揚州を中心とする両淮の塩業、蘇州《そしゅう》を中心とする豊かな江南経済、そして漢口を中心とする長江中流の広大な市場であった。

揚州の両淮塩運司

## 揚州の塩商

清代における徽州商人の繁栄も、まず第一に揚州を拠点とする両淮の塩業に支えられていた。揚州における徽州商人の優位を決定的にしたのが、明末の一六一七年に施行された「綱法《こうほう》」である。これは塩商を一〇のグループ(綱)に分け、そこに登録された商人だけが、塩の販売許可証(塩引《えんいん》)を入手できるというシステムである。これによって塩引を入手して塩を販売する権利は、「綱」に登録された一部の特権商人に独占されることになり、徽州商人がその多くを占めるようになった。ところが一六四五年には、揚州は清朝の軍隊による徹底した破壊と殺戮にさらされ、その塩業もいったんは壊滅的な打撃を受ける。しかし清朝もまもなく、重要な財源となる両淮の塩業の復興に努め、徽州の塩商は清朝政府と深く結びついて、特権商人としての地位を動かぬものとしていく。十六~十八世紀に揚州に移住した有力な塩商のうち、徽州出身者が六〇名近くを占め、山西・陝西出身者はそれぞれ一〇名前後にすぎない。

両淮の塩業を統括したのが、揚州におかれた両淮塩運司である。両淮の塩を販売する「運商」は、まず塩運司に専売税を納入して塩引を受け取り、生産地

**个園**《かえん》　揚州を代表する名園。元来は徽州出身の総商、馬曰琯《ばえつかん》の邸宅。

**梅花書院**　馬曰琯が一七三四年に創設し、科挙合格者を輩出した。

で塩を買いつけて、それを湖北省の漢口や江西省の南昌まで運び、そこで現地の商人に売却した。現地の商人はその塩を、塩引ごとに指定された地域まで運んで、民衆に販売したのである。また運商は、漢口や南昌からの帰途にも、米穀などの現地産品を長江下流に輸出して利益をあげた。さらに十八世紀には、海外から大量の銀が流入し続けたので、銀価格は下落し、銅銭価格が上昇する傾向にあった。民衆は塩の代価を銅銭で支払い、運商は政府に銀で専売税を納付したので、運商は銅銭と銀の価格差によって、さらに利益を拡大することができた。

さらに清代には、とくに有力な運商が「総商」に選ばれ、他の運商を統率したが、その多くは徽州商人であった。総商は政府への専売税などの納入を一括して請け負い、その上前をはねて多額の利益をえた。さらに総商は、自ら塩を運搬するのではなく、塩引を高値で運商に転売したり、運商に資金を貸しつけて高利をとるようになり、一種の金融資本家となってゆく。明末には徽州の大商人の資産は一〇〇万両にのぼると称されたが、十八世紀後半には、揚州の運商は数百家あり、その資本は少なくても一〇〇〜二〇〇〇万両、有力な総商であ

**南河下と引市街の交差点**

れば一〇〇〇〇万両にのぼったという。一方で塩商には、政府から多額の諸経費が課せられ、天災・治水・戦争・祝典・皇帝の江南巡幸などにさいしても、巨額の寄付を要求されたが、塩業が順調であった十八世紀には、揚州の塩商の繁栄がゆらぐことはなかった。

総商を頂点として富裕な塩商が集まる揚州は、清代有数の消費都市となっていく。揚州の市街は西側の「旧城」と東側の「新城」に分かれるが、とくに新城の南側にそった「南河下《なんかが》」には、塩商の大邸宅や各地の同郷会館などが立ち並び、その近くの「引市街《いんしがい》」では、証券のように塩引の相場が立って取引された。新城の西側には商店や娯楽施設が集まる繁華街・歓楽地があり、一方で旧城地区には官庁や学校、官僚の邸宅などが多かった。旧城と新城のあいだを流れる小秦淮河から、城外の西北に広がる瘦西湖《そうせいこ》にかけては、緑が水辺に映える風光明媚な行楽地であり、夕方ともなれば多くの画舫《がほう》(屋形船)が繰り出した。

揚州の塩商が繁栄のピークをむかえたのは、乾隆年間(一七三六〜九五年)であるが、この時期は同時に清代文化の最盛期でもあった。塩商たちは財力にまかせて、競って邸宅や庭園を造営し、書籍や書画を買い集め、おかかえの劇団

**●南河下の湖南会館**　揚州に現存する最大の会館

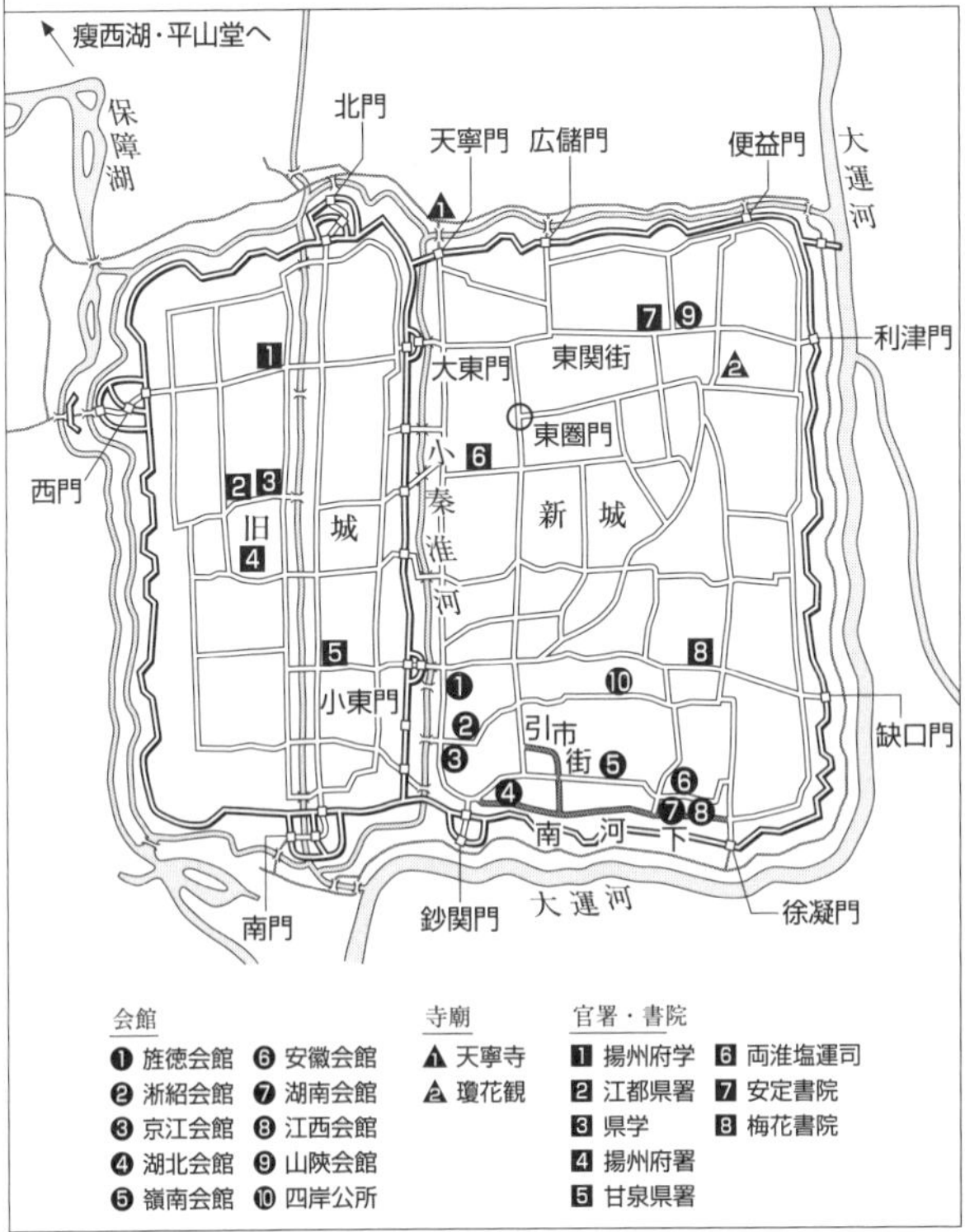


**●清末の揚州**　新城の南部、大運河に近い南河下の周辺に、各地の同郷会館や塩商の邸宅が集中している。小秦淮河の東岸は商業中心地・娯楽地区であり、旧城には官署や官吏の住宅が多かった。

や楽団をおき、詩文の会を催したので、揚州は学芸・美術・造園・演劇などの中心地となっていった。また洗練された揚州料理は、のちの上海料理のルーツともなった。そもそも乾隆帝自身が揚州文化の愛好者であり、六回にわたって江南方面に巡幸し、揚州塩商の庭園をのべ二三回も訪れている。このうち一回だけが山西商人の庭園で、他の二二回はすべて徽州商人の庭園であった。

清朝考証学▲を代表する学者たちも、たいていは揚州の塩商の庇護を受けていた。当時は大学や図書館があるわけではなく、豊富な蔵書をもつ揚州塩商の後援があってこそ、文献の博捜にもとづく精緻な考証学が可能になったのである。たとえば徽州出身の大塩商である程晋芳は、五万巻もの蔵書をもち、四庫全書▲の編纂にも関与し、趙翼《ちょうよく》▲・袁枚《えんばい》▲・蔣士銓《しょうしせん》▲といった著名な学者や文人のパトロンとなっていた。彼の食客の一人に、呉敬梓《ごけいし》という貧乏文士がいた。彼の小説『儒林外史《じゅりんがいし》』▲では、揚州塩商の成金ぶりや、塩商に寄生する高等遊民の生態が辛辣に描写されている。その一方、呉敬梓のような文士が筆一本で食べていけるのも、揚州という町であった。彼は一七五四年、繁栄のさなかの揚州で没している。

▼**清朝考証学**　宋～明代の観念的思想を批判し、経書テキストの実証的な研究を重んじる学派。とくに十八世紀後半～十九世紀初頭の乾隆・嘉慶年間が最盛期であった。

▼**四庫全書**　乾隆帝の命により一七八一年に完成した、古今の主要書籍を集成した一大叢書。計七部が作成され、そのうち二部は揚州と対岸の鎮江《ちんこう》に所蔵されていた。

▼**趙翼**（一七二七～一八一二）　江蘇省の出身。揚州の安定書院の院長を務めた。とくに歴代の正史を考証・論評した『廿二史劄記《にじゅうにしさっき》』は著名。

▼**袁枚**（一七一六～九七）　杭州の出身。乾隆年間を代表する詩文の名手で、食通としても知られ、『随園食単』はグルメ本として名高い。

▼**蔣士銓**（一七二五～八五）　江西の出身。安定書院などの院長を歴任。詩文や戯曲に優れ、趙翼・袁枚とともに三大家と称された。

▼『**儒林外史**』　呉敬梓（一七〇一〜五四）作の長編小説。科挙受験生・官吏・商人に寄食する文人など、知識人の実態を辛辣に描く。

**現在の閶門**　城壁と望楼は最近再建されたもの。

## 蘇州の繁栄

長江北岸の揚州が塩の都だったのにたいし、江南デルタの中心部にある蘇州は、織物の都であり、かつ明清中国で最大の流通・消費都市でもあった。蘇州の市街は南北に長い長方形で、城壁の南側から西側を大運河がめぐっていた。城内の西北部は官僚などの邸宅が連なる高級住宅地で、西南部は官庁や学校が集まる行政・文教地区であった。一方、城内の東半分には、織物工場が建ち並び、多くの職人が住んでいた。そして最大の商業地域は、城壁の西南の胥門《しょもん》から、西北の閶門《しょうもん》にかけての大運河に沿った一帯であり、閶門から運河にそって西北に伸びる山塘街《さんとうがい》にも、多くの問屋や会館が連なっていた。

商業都市としての蘇州の実態をもっともよく伝える資料は、一七六二年に描かれた「姑蘇《こそ》繁華図」であろう。この絵画では、蘇州の城壁にそって、西南の胥門から閶門にいたり、さらに山塘街をへて西北の虎丘《こきゅう》にいたる商業街の活況が精細に描かれている。そこには多種多様な問屋や商店があらわれるが、なかでも綿布店は二三軒、絹織物店は一四軒、衣料品店は一四軒、穀物業は一六軒、両替屋や質屋は一四軒を数える。これらはいずれも、徽州商人がもっとも得意

**現在の楓橋**　左手は「楓橋夜泊」で知られる寒山寺。

**楓橋付近の大運河**

とする業種であった。

蘇州には江南デルタで生産された手工業品が集まり、全国各地へ、さらには海外へと出荷され、また全国から穀物や原料品が入荷し、蘇州の消費を満たすとともに、周辺地域へも転送されていった。とくに物流の一大中心地であったのが、蘇州の西方郊外にあり、古くは「楓橋夜泊《ふうきょうやはく》」の詩でも知られた、大運河沿いの楓橋である。楓橋には長江流域からの米穀をはじめとして、華北からの穀物や綿花などの農産品が集結し、江南デルタの需要を満たすとともに、浙江や福建にも転送された。また満州や華北から北洋海運によってもたらされた、大豆や、肥料用の豆油のしぼりかすも、楓橋へと運びこまれた。さらに閶門と胥門のあいだに、大運河にそって南北に伸びる南濠街も、絹・綿布・塩・薬材・海産物などの問屋や商店が連なる繁華な商業街であり、市街北側の斉門付近は、木材流通の中心地であった。徽州商人は織物商・穀物商・木材商などとして、こうした蘇州の商品流通をリードしたのである。

蘇州は商業都市であるだけではなく、江南最大の手工業都市でもあり、とくに蘇州で生産される緞子《どんす》や紗《うすぎぬ》などの高級絹織物は、国内市場はもとより、日本

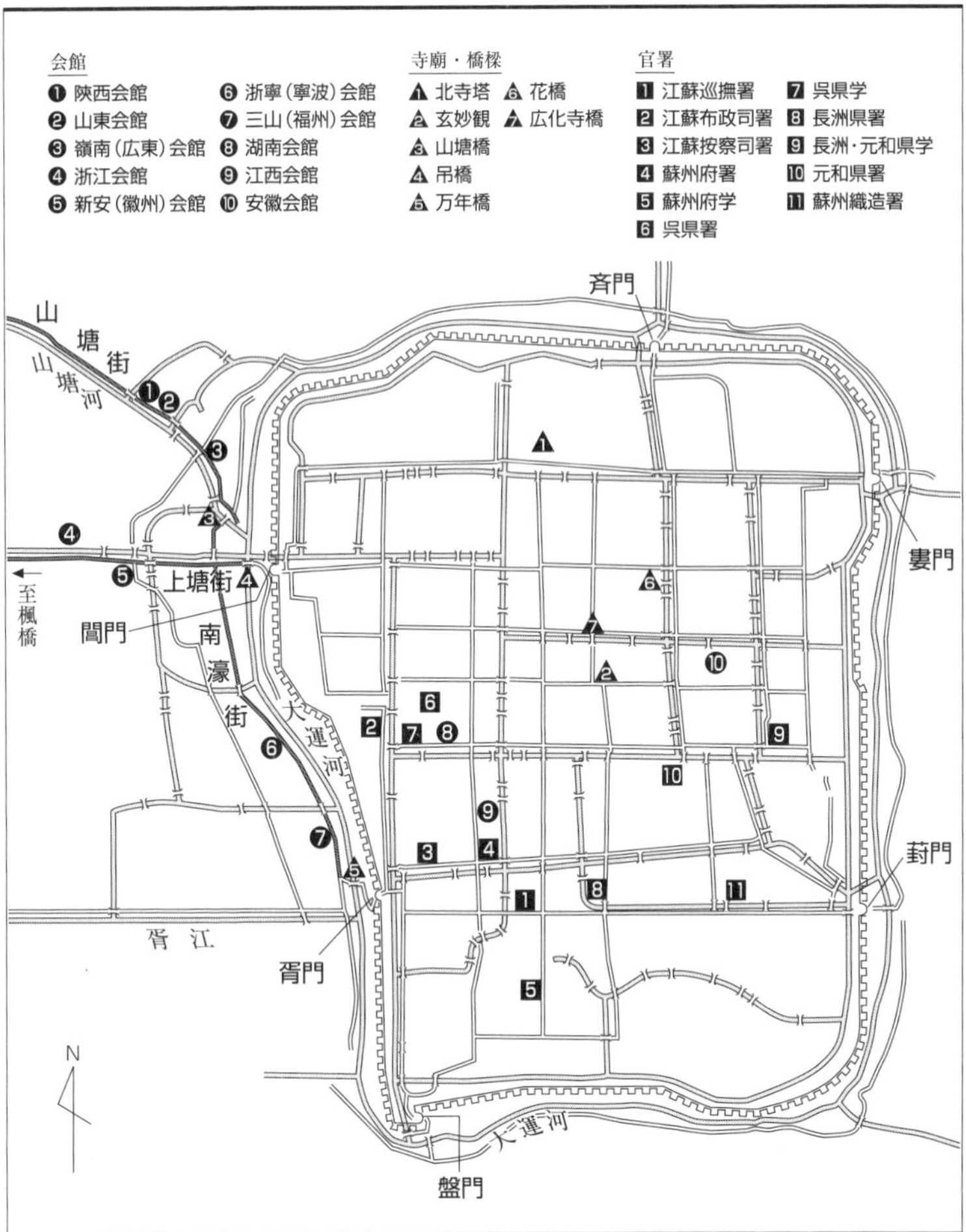


**清末の蘇州**　蘇州城の西側は呉県、東側は長洲県と元和県に属する。城内西南部は官庁・文教地区であり、西北部は商業地・高級住宅地であった。一方、城内東部には絹織物などの工場や職人の住居が集まっていた。城壁の西側、閶門から胥門にかけての南濠街には、大運河にそって多くの問屋や小売店が連なり、閶門から西北に伸びる山塘街や、楓橋に続く上塘街にも、徽州商人の経営する綿布問屋(字号)や、各地の会館などが集まっていた。

**山塘街のクリーク**

**現在の山塘街**　左手前の建物は嶺南(広東)会館。

やヨーロッパなどの国外市場でも大きな需要があった。蘇州市街の東部には、織物工場が建ち並び、多くの職工が働いていた。職工にはそれぞれ専門があり、決まった織物工場に雇われて、日ごとに出来高払いで工賃を受けていた。このほかに臨時雇いの職工も多く、彼らは明け方になると、緞子の織工は花橋《かきょう》、紗の織工は広化寺橋《こうかじきょう》、紡績工は濂渓坊《れんけいぼう》など、決まった場所に数十人、数百人と群れをなして集まり、雇い主から声がかかるのを待ったという。

　絹織物以上に大きな市場をもつ商品が綿布であった。明末から清代にかけて、華北や長江中流でもしだいに綿布の生産が増えていくが、なお質の高い江南綿布への需要は高かった。また江南産の高級綿布は、英語ではナンキーン(nankeen)、日本では「南京木綿」と称され、海外にもさかんに輸出された。綿布のおもな主産地は江南デルタ東部の松江府《しょうこう》であったが、清代になると綿布問屋の多くは蘇州に移り、デルタ東部で生産された綿布を加工して、完成品を全国の客商《きゃくしょう》に販売するようになる。とくに閶門から山塘街にかけては、おもに徽州商人が経営する、「字号」と呼ばれる綿布問屋が七〇軒も集中していた。「字号」は市鎮の仲買人や問屋をつうじて、あるいは直接に問屋を開いて、

**閶門付近の綿布問屋**　生産者から買いつけた綿布を、加工(つや出し、染色)したうえで販売していた。

**胥門近郊の染物屋**

農民が生産した綿布を買い集め、それを染色業者やつや出し業者に下請けに出して、完成品を全国に出荷した。十八世紀には、閶門の外側に四五〇軒ものつや出し工場があり、江南周辺の山間部からきた出稼ぎ労働者が、一万人以上も働いていたという。彼らは綿布問屋から出来高払いで工賃を受け取り、工具の使用料や家賃・食費を、工場を運営する請負業者に支払っていたが、ときには工賃の引き上げを求めて、集団でストライキを起こすこともあった。

なお蘇州とともに、江南デルタにおける徽州商人の拠点となったのが浙江の杭州である。杭州は両浙塩法区の中心であり、その塩商はほぼ徽州商人で占められていた。また徽州商人は、木材や茶などの山林産品を、新安江《しんあんこう》によって杭州に運び、そこから全国に出荷した。さらに杭州は蘇州とならぶ絹織物の生産地であり、その北方の湖州は、中国でも最大の生糸の生産地であった。徽州商人はこの地域の都市や市鎮にくまなく進出し、生糸や絹を国内や海の市場に供給したのである。

**清末の漢口港**　手前が漢水、右奥が長江との合流部。

## 商人の都、漢口

徽州商人の商業活動の屋台骨を支えたのは、長江下流と中流を結ぶ、生活必需品の大量交易であった。これは清代中国における最大の物流ルートであり、長江下流からは塩や手工業製品が中流に運ばれ、長江中流からは穀物・山林産品・鉱産資源が下流に供給された。そして徽州商人の長江中流における中心拠点となったのが、湖北省の漢口である。

漢口は漢水と長江の合流点に位置し、長江による東西方向の物流と、中国大陸を南北に結ぶ物流の結節点として、清代中国でも最大級の集散都市であった。江南や揚州からは、長江をのぼって織物や塩が運ばれ、四川からは長江をくだって米穀がもたらされた。湖南からは湘江《しょうこう》などをくだって米穀・茶・木材などが供給され、広東からも湘江によって、鉄器や砂糖、そして海外からの輸入品が運ばれた。また華北平原からは陸路により、陝西からは漢水をくだって、小麦・大豆・雑穀・酒や、ロシア産の毛皮などが供給された。こうして漢口に集められた商品は、さらに漢口から各地へと販出されていく。たとえば長江流域や福建から運ばれた茶は、山西・陝西商人によって、華北・モンゴル・新疆《しんきょう》な

**▼湘潭**　湖南省中部、湘江にそった湖南米の一大集散地。清末には長《ちょう》沙《さ》と並ぶ湖南省の二大都市であった。郊外の韶山《しょうざん》には毛沢東の生家がある。

**▼重慶**　長江と嘉陵江との合流点に位置する、四川省最大の商業都市。漢口と同様に全国各地の商人が集まり、清末には各地の会館が連合した「八省会館」が、都市内の公益事業や紛争処理を担った。

どに供給され、またキャフタでの国境貿易によって、ロシアにも大量に輸出されたのである。

漢口を結節点とする物流のなかでも、もっとも大規模な交易が、長江下流からの塩の輸入と、長江中流・上流からの米穀の輸出であった。揚州から漢口に塩を運ぶ「運商」は、約二〇〇人ほどおり、とくに徽州商人が多かった。彼らは揚州で塩税をおさめて塩を受領し、船団を仕立てて漢口に運んだ。漢口では現地の「岸商」が、塩を小分けして包みなおし、「水商」に引き渡し、水商はそれを指定された地方まで運んで売却した。一方、湖南各地で生産された米穀は、まず現地の商人によって、湘潭《しょうたん》▲をはじめとする米市場に集積され、そこから湘江をくだって漢口に運ばれた。また四川産の米も重慶《じゅうけい》▲に集荷され、長江をくだって漢口にもたらされた。こうして漢口に集められた長江中流・上流の米は、徽州の塩商などによって、楓橋をはじめとする長江下流の市場に輸送されたのである。

大集散都市であった漢口では、各地の商人が「会館」や「公所」などの同郷・同業団体を設立したが、そのなかでも徽州商人の会館がもっとも大規模で

現在の新安街付近

清末の漢口の船着場（碼頭）

あった。漢口の徽州商人は、一七〇四年に一万両の建設費を投じて、漢口市街の中心部に、徽州をルーツとする朱熹《しゅき》にちなんだ「紫陽書院」という会館を建設した。徽州会館には一〇〇にのぼる部屋があり、その後も講堂・宿泊施設・霊安室・図書室などが増設されている。徽州会館の敷地は、南側では漢口市街を東西につらぬく漢正街に達し、漢正街との交差点には牌坊が設けられ、周辺一帯は壁でかこまれて、「新安坊」と呼ばれる徽州出身者のコミュニティとなった。さらに漢水の河岸には、「新安碼頭《まとう》」という専用の船着場や倉庫が設けられ、会館と船着場を結ぶ南北の大通りは「新安街」と呼ばれ、漢口でも有数の商業街となっていった。

会館の運営は、市内に所有する多くの店舗や市場などの賃貸収入によって支えられており、一八〇六年の総収益は、約四四〇〇両にのぼったという。さらに徽州会館は、消防隊の編成、渡し船の設置、学校の設立、自警団の結成など、さまざまな公益事業もおこなっている。漢口は中国有数の大商業都市であるにもかかわらず、行政上は川向かいの漢陽県に属する一つの鎮にすぎなかった。それだけに有力商人による公益事業の役割が大きかったのである。

清末の漢口

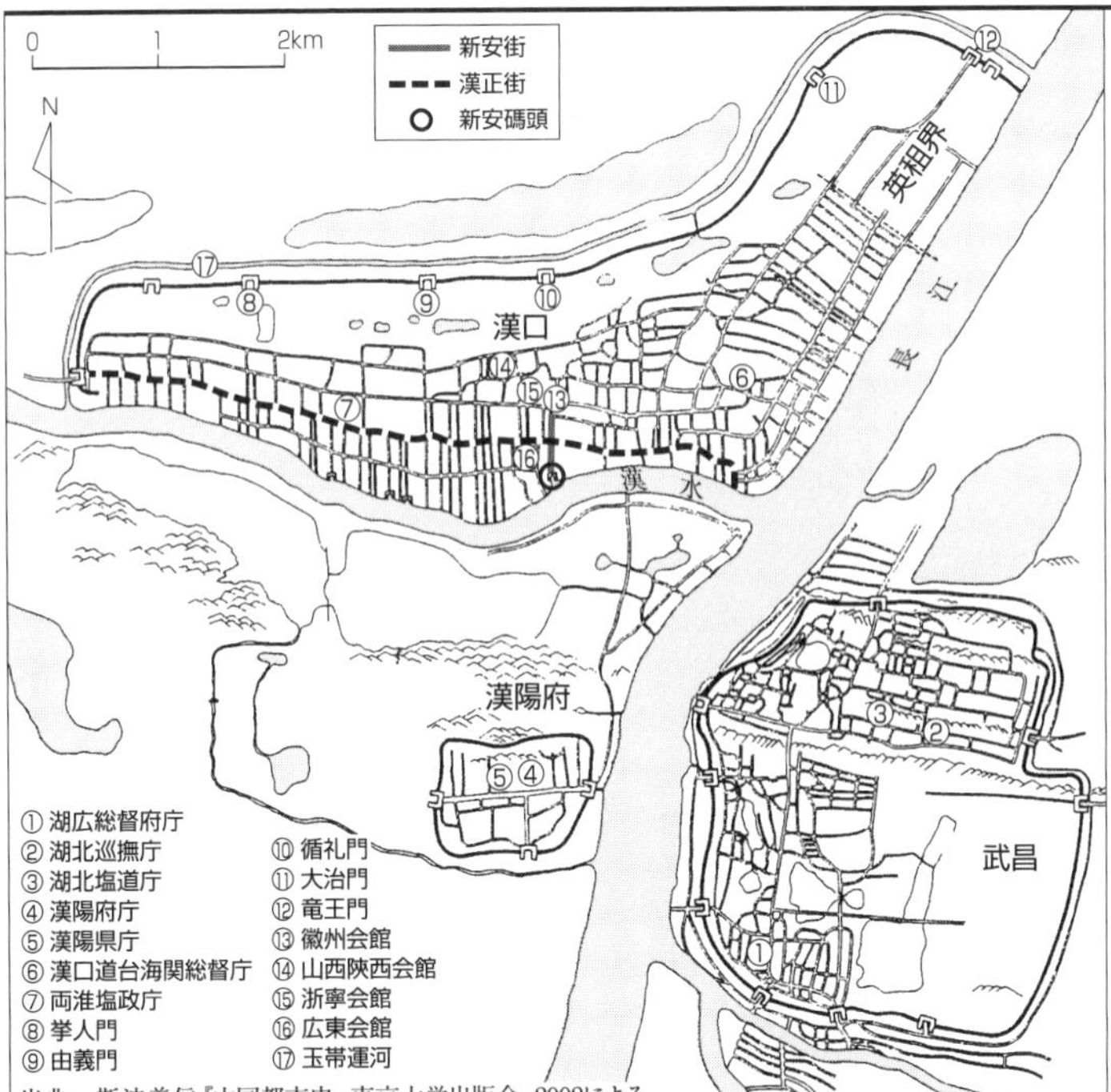

出典：斯波義信『中国都市史』東京大学出版会, 2002による

漢口に集散する商品（十九世紀前半）

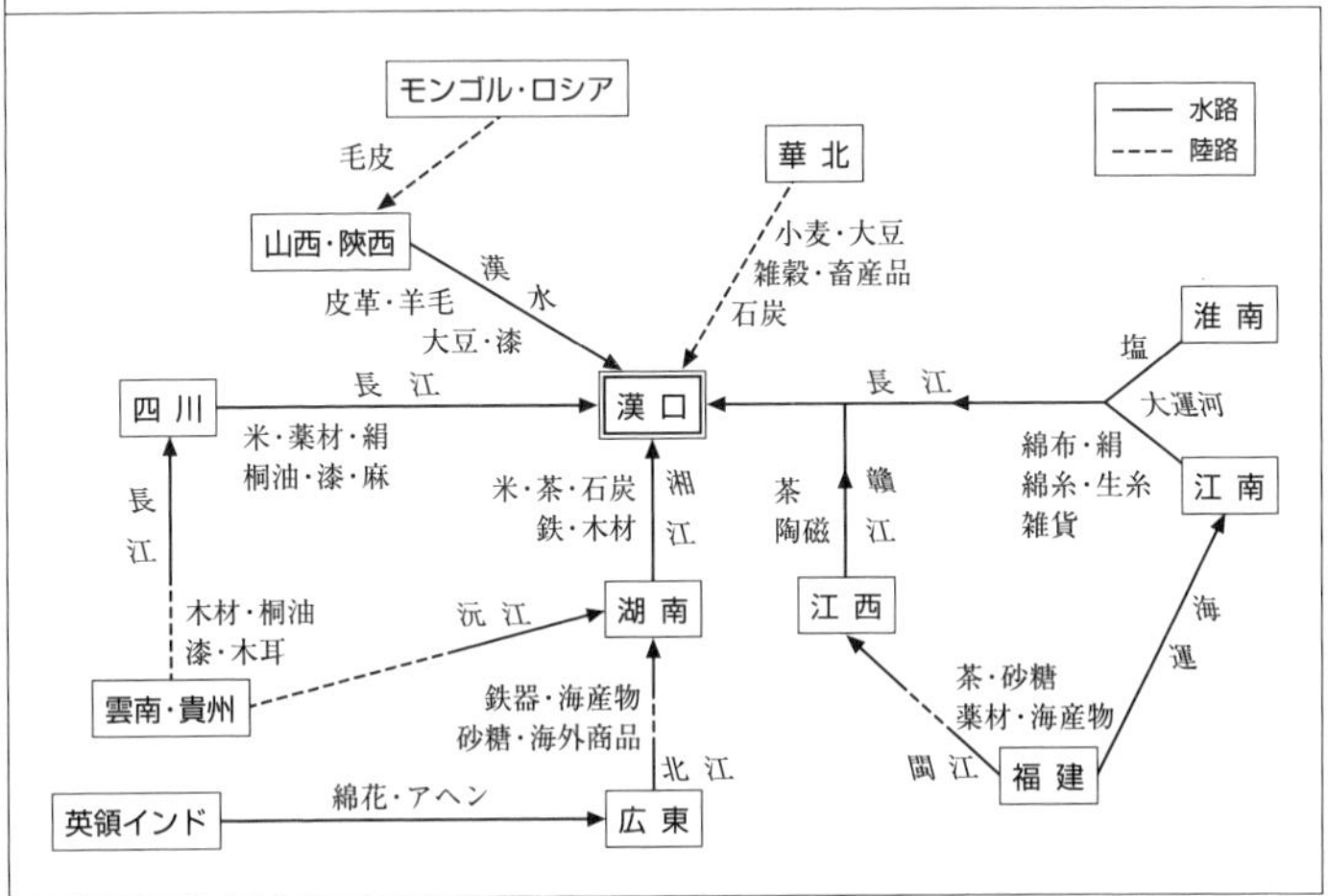

**中国船からの荷おろし**　長崎港に碇泊した中国船の積荷を、小船で新地(現在の中華街)の倉庫に運び込む(『長崎名勝図絵』)。

## 長崎の徽州商人

前述のように、十六世紀の半ばには、王直《おうちょく》などの徽州商人が、「倭寇」勢力のリーダーとして東シナ海域の密貿易を主導していた。しかし一五六〇年代末に、福建から東南アジア各地への渡航が解禁されると、海外貿易の主導権も福建商人の手に移り、徽州商人はむしろ生糸・絹・綿布・陶磁器などの輸出商品を、彼らに供給する役割を担うようになる。しかし徽州商人自身も、その後も海外貿易から手を引いたわけではない。

明朝が中国商船の海外貿易を解禁してからも、日本への渡航は禁じられていた。しかし実際には、十六世紀末から十七世紀にかけて、中国から長崎などへ渡航して、日本の銀や銅を輸入する商船は増加の一途をたどった。長崎に定住した中国人は、出身地ごとに、長江下流(三江幇《さんこうぱん》)、福建北部(福州幇)、福建南部(閩南幇《びんなんぱん》)という、三つのコミュニティを形成していく。一六三〇年代の鎖国令によって、新たに中国人が長崎に定住することは禁じられたが、その後も中国船の来航数や貿易額は増え続けた。ただし一七一五年には、幕府は銅や銀の流出を抑えるため、中国船の来航数や貿易額を制限し(正徳新例)、その後は中

**長崎唐人屋敷跡**　右手前は土地神を祀る「土神堂」。

国船の入港は減少していった。

長崎に来航する中国船は、一六七〇年代までは鄭氏勢力につながる福建・台湾の商船が多かったが、鄭氏が清朝に降伏してからは、おもに地理的に近い浙江や江南の商船が、杭州湾北岸の乍浦《さほ》などから渡航するようになっていった。こうして長崎に来航した商人には、伝統的に日本貿易の窓口であった寧波《ニンポー》のほか、蘇州・杭州の在住者が多かった。蘇州や杭州は、日本への主要な輸出品である生糸・絹・綿布の生産や流通の中心であり、同時に江南デルタにおける徽州商人の二大拠点でもあった。このため長崎に来航した蘇州や杭州の商人のなかには、徽州出身者やその子孫も少なくなかったのである。

十七世紀後半からは、銅銭を鋳造するための原銅が、長崎貿易における最大の輸出品となった。十八世紀半ばからは、清朝政府が派遣する「官商」一名と、民間が派遣する「額商」一二名が長崎での銅貿易をおこなうようになり、十九世紀初頭には、徽州商人の程洪然と汪永増が官商となっている。このうち汪永増は休寧《きゅうねい》県の出身で、一八一四〜一七年には一三艘以上の商船を長崎に派遣している。一八一五年には、汪永増が派遣した商船の一艘が琉球に漂着している

**長崎の中国文人**(『長崎土産』より)

**▼『古今図書集成』** 康熙帝の命により編纂され、一七二五年に完成した、古今の書籍の記事を分類・集成した百科全書。日本には徳川吉宗の注文により、汪縄武が舶載した。

が、その船の船長であった汪小園も、やはり休寧県の出身であった。

一方、長崎への輸入品は、やはり生糸・絹・綿布が中心であったが、薬材・砂糖・鉱物なども重要な商品であった。これらの商品は、蘇州の南濠街や、杭州などの問屋で買いつけられた。さらに十八世紀になると、書籍の輸入も増加していく。たとえば十八世紀後半に六回にわたって長崎に来航した汪縄武は、新安(徽州)出身の商人であり、一七六〇年には『古今図書集成』▲一万巻をはじめて日本にもたらした。彼は薬材の知識も豊富で、書画にも巧みであったという。総じて長崎に来航した中国商人には、書籍の知識や書画の技芸をもった者が少なくないが、これには文人的な趣味教養というだけではなく、いわば商品知識としての意味もあったのである。

長崎に輸出される商品は、おもに蘇州や杭州で調達されたため、蘇州や杭州の徽州商人が、みずから日本貿易に乗りだしたとしても不思議ではない。たとえば前述の汪永増は、蘇州市街の西側、閶門から楓橋に向かう「上塘街《じょうとうがい》」に住んでいたことが確認されている。すでに述べたように、閶門の付近には徽州商人の綿布問屋などが集中しており、汪永増もこの地区に住む徽州商人の一人だ

**長崎の興福寺**　一六二一年、三江幇が創建。隠元が黄檗宗を伝えた。

**長崎の崇福寺**　一六二九年、福州幇が創建。写真は航海の女神を祀る「媽祖堂」。

ったのである。またやはり休寧県出身の程鑭《ていらん》という商人は、十七世紀なかばに蘇州に移住して綿布業をいとなんだが、その孫の程楝《ていれん》は、日本に往来して貿易をおこない、巨富をえたという。

長崎の中国系住民が創立した「唐寺《とうでら》」にも、徽州出身者の墓がいくつか残されている。まず三江幇が創立した興福寺には、徽州出身の汪炳ら四名の墓があり、福州幇が設立した崇福寺《そうふくじ》にも、やはり徽州出身の孫子明ら二名の墓がある。とくに汪や程は、徽州に非常に多い姓であり、汪姓や程姓の商人は、記録上は蘇州や杭州の在住者であっても、徽州出身者やその子孫であった可能性が高いと思われる。長崎に来航した中国商人のうち、汪姓は一九人、程姓は二七人を確認できるが、その多くは徽州にルーツがあるであろう。江戸時代には、蘇州や杭州に在住する徽州商人が、意外に多く長崎に来航していたのである。

# ④─徽州商人の衰退

## 繁栄とその限界

十八世紀後半の乾隆年間、徽州《きしゅう》商人は繁栄のピークをむかえた。この時期は中国経済全体としても、空前の好況期であった。気候の温暖化と新大陸作物の導入によって、農業生産は増大し、人口も急増して国内市場は順調に成長した。また海外貿易によって多量の銀が流入し続け、国内外の市場に向けた商品生産も発展した。徽州商人は十五世紀末から、三〇〇年にわたって中国商業の最大勢力としての地位を保ち続け、長江流域を中心に、全国に商業ネットワークを張りめぐらし、その繁栄はゆらぎそうもなかった。

山西・陝西商人が陸路交易に、福建・広東・寧波《ニンポー》商人が海上貿易に強みを発揮したのにたいし、徽州商人はなによりも河川や運河など水路の商人であった。とくに長江とその無数の支流や、運河網が張りめぐらされた江南デルタなどでは、徽州商人は他の商人集団を圧倒する優位を保っていた。彼らはこうした水路のネットワークを縦横に往来して、塩・米穀・生糸・絹・綿布・木材・茶と

**広州からの主要輸出商品**（一八一七〜三三年）　茶葉が五〇〜六五%を占め、生糸・絹がこれにつぐ。とくにイギリス東インド会社の輸出品では、茶葉が九〇%前後を占めた。

| 年　次 | | 1817-1819 | 1820-1824 | 1825-1829 | 1830-1833 |
|---|---|---|---|---|---|
| 輸出総額 | | 5,459 | 9,740 | 9,521 | 7,110 |
| 茶　葉 | 総額 | 2,726 | 5,828 | 6,090 | 4,669 |
| | 比率（%） | 49.93% | 59.83% | 63.96% | 65.67% |
| 生　糸 | 総額 | 315 | 749 | 943 | 962 |
| | 比率（%） | 5.77% | 7.69% | 9.90% | 13.53% |
| 絹織物 | 総額 | 464 | 1,220 | 982 | 593 |
| | 比率（%） | 8.49% | 12.53% | 10.31% | 8.34% |
| 綿　布 | 総額 | 347 | 462 | 417 | 100 |
| | 比率（%） | 6.35% | 4.73% | 4.38% | 1.41% |

（単位：万両）

出典：黄啓臣『広東海上絲綢之路史』広東経済出版社, 2003による

いった大量消費商品を中心に、十八世紀までは中国というよりも世界で最大の経済規模をもつ、長江流域の商品流通を押さえたのである。

　また十八世紀には、長江交易と並んで、広東や福建における海外貿易も大きく発展した。とくに一七五七年に外国船との貿易が広州《こうしゅう》一港にかぎられてからは、広州での欧米諸国との貿易は急拡大し、中国商品の代価として膨大な銀が流入して、好景気の原動力となった。欧米諸国への最大の輸出品は茶であり、生糸・絹・綿布・陶磁器が続いたが、それらが徽州商人にとっても主力商品であったことはいうまでもない。外国船との貿易自体は、特権商人である広東《かんとん》十三行《じゅうさんこう》に独占されていたが、徽州商人は長江下流から江西省を河川で南下し、分水嶺をこえて広東にはいるルートで、徽州周辺の茶、江南の生糸・絹・綿布、景徳鎮《けいとくちん》の陶磁器などを、広東市場に供給したのである。

　ただし徽州商人は、もっぱら客商《きゃくしょう》・問屋・牙行《がこう》として、地域的・時期的な価格差を利用して収益をあげるにとどまり、直接に生産過程にかかわることはほとんどなかった。たとえば徽州商人の綿布問屋は、江南の農民が副業として生産する綿布を集荷し、それを加工して客商に供給したが、直接に綿布生産に関

与することはまれであった。綿布の加工についても、問屋がみずから染色やつや出しをおこなうのではなく、請負業者が集めた労働者に、出来高払いで加工を委託するにとどまった。徽州商人は手工業生産に積極的にかかわる能力がなかったというよりも、その必要がなかったといってよい。人口増が続き耕地がかぎられた江南デルタでは、農民が家内手工業により家計を補充することが不可欠で、労働力はきわめて安価であった。徽州商人にとって、高いコストをかけて生産設備をそなえ、労働を組織化し、生産技術を改良するメリットはほとんどなく、農民が副業として伝統的な技術で生産する製品を、安価に買いあげることで、十分な利益をあげることができた。

こうして徽州商人が繁栄のピークをむかえていた十八世紀後半、地球の裏側のイギリスでは、産業革命が始まりつつあった。十八世紀半ばまでのイギリスは、おもに大西洋貿易でえた銀をアジアに輸出して、中国の茶・生糸・陶磁器や、インドの綿布を輸入し、こうしたアジア商品が生活革命▲をもたらしていた。一方でイギリスでも、西インド諸島からもたらされる綿花を原料として、綿布生産が始まっていたが、当初はアジアからの輸入品の代替生産にすぎなかった。

▼**生活革命**　十七世紀後半から十八世紀にかけてのイギリスでは、中国からの茶・絹・陶磁器、インドからの綿布、西インド諸島からの砂糖などの海外産品が、人びとの生活に大きな変化をもたらした。紅茶に砂糖をいれて、陶磁器で飲むというイギリス風紅茶文化もこの時期に成立している。さらに綿布や陶磁器の輸入代替生産は、十八世紀後半からの産業革命の出発点ともなった。

しかし一七七〇年代からブレイクスルーが訪れる。水力や蒸気機関を利用した紡績機や織機が発明され、インド綿布よりもはるかに安価な綿布を生産することが可能になったのである。やがてイギリスはインドから綿花を輸入し、製品の綿布を輸出するようになり、インドの在来綿織物業は壊滅してしまう。さらに十八世紀末から、イギリスは中国貿易の赤字を解消するため、まずインド産の綿花を、ついでアヘンを中国に輸出しはじめる。そして周知のように、アヘン輸入の急増により、中国から大量の銀が流出しはじめるのである。

## 終わりの始まり

十九世紀にはいると、社会経済の劇的な変動の波に飲み込まれて、盤石であるかにみえた徽州商人の覇権も、意外なほどもろくくずれ落ちていくことになる。徽州商人の衰退は、まずその繁栄の出発点であった揚州《ようしゅう》の塩業から始まった。十九世紀初頭には、中国内地のフロンティア開発はしだいに限界に近づいたにもかかわらず、人口は急増を続け、生活水準の低下、環境破壊、失業者の増加などが深刻になっていた。失業人口は塩やアヘンの密売に流れ込み、生活

**揚州の四岸公所**　清末に湖南・湖北・安徽・江西の四省で活動する塩商が、塩の生産・運輸・販売について協議した施設。

の苦しい民衆も、正規ルートによる高価な塩よりも、安価な密売塩を求めるようになる。またこの時期には、アヘン貿易によって膨大な銀が海外に流出し、中国経済は深刻なデフレ不況に落ちこむ。とくに塩商は、銀を政府におさめて塩を入手し、それを民衆に売って銅銭をえるので、銀不足にともなう銀高銭安によって、大きな損害をこうむった。栄華を誇った揚州の塩商の多くも、この時期に没落に向かっている。

こうした塩業の混乱にたいし、十九世紀の半ばに、清朝政府は根本的な塩の専売制度の改革に乗り出した。それまでは徽州などの特権商人が、「塩引《えんいん》」を独占的に入手して塩を販売していたが、「塩引」にかわり「票」を発行して（票法）、一般の商人が、より小規模な資本で塩を入手・販売できるようにしたのである。これによって各地の商人が揚州の塩業に参入し、徽州商人は特権的塩商としての地位を失っていった。

さらに揚州の塩と並び、徽州商人が長江下流から輸出した主要商品であった、江南綿布の市場も縮小傾向にあった。江南綿布の最大の消費市場は長江中流・上流地域であったが、綿花の産地である湖北省では、十七世紀から綿布生産が

**漢口の布地商店**　漢口は現在でも衣料品の大集散地である。

発達しはじめ、湖南・四川や西南中国に市場を広げていった。また十八世紀末からインド産綿花の輸入が急増すると、それまで綿花の産出が乏しかった広東・福建・湖南などでも、インド綿花による綿織物業が発達しはじめた。さらに江南への米穀の一大供給地であった四川でも、綿布や絹の生産が拡大していった。このように長江中流・上流において、塩の密売や綿布生産が拡大するとともに、長江下流からの塩や綿布などの輸出は減少傾向に向かい、それにともなって、長江中流・上流から下流への物流も減退していったのである。

さらにアヘン戦争の結果、一八四二年の南京条約によって、上海・寧波・福州・厦門《アモイ》・広州の五港が開港されると、イギリス製の機械織り綿布が中国に流入しはじめる。実際には、安くて丈夫な中国製の手織り綿布(土布)は、大衆衣料としては十分な競争力をもち、イギリス製綿布は中国製土布のシェアをあまり奪えなかった。それでも都市向けの高級綿布については、イギリス製綿布は江南綿布と市場を争奪するようになる。さらに十九世紀末になると、それまでのインド産綿花に加え、インド産綿糸の輸入も急増し、それを原料とした綿織物業が各地で発達していく。さらに中国国内でも、国内外の資本によって近代

**中国の綿糸輸入額**（一八七四〜一九〇九年）　インド製の機械製綿糸は、まず輸入港の広州に近い華南から普及し、十九世紀末には華北や長江中・上流域にも急速に普及して、農村織布業の発展をもたらした。

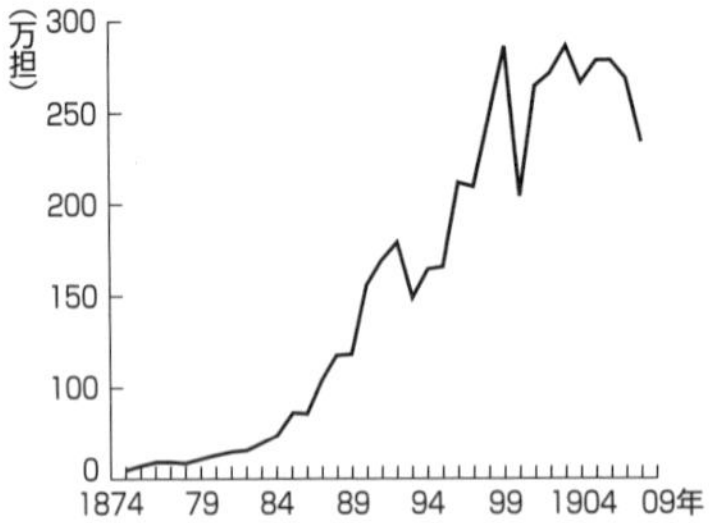


出典：狭間直樹ほか『データでみる中国近代史』有斐閣, 1996による

的な紡績・織布工場が設立されはじめ、伝統的な江南綿布の市場はしだいに縮小していった。

　こうした経済構造の変動に加え、徽州商人の没落を決定的にしたのが、一八五一〜六四年における太平天国の叛乱であった。この叛乱によって長江下流・中流一帯は戦場となり、徽州商人の拠点であった、南京・揚州・蘇州・杭州などの長江沿岸や江南デルタの諸都市は、太平天国によって占領され、清軍との攻防によって荒廃に帰した。さらに徽州自体も太平天国と清軍との戦場となり、多大な人命や財産が失われた。徽州商人のなかには安徽《あんき》省出身の李鴻章《りこうしょう》を支援して、太平天国の鎮圧に協力する者もあったが、長期間の戦乱により、長江流域における徽州商人のネットワークは寸断され、一八六四年に叛乱が鎮圧されたあとも、それを立て直すことはできなかった。さらに叛乱のあいだに、長江中流では両淮塩の供給がとだえ、かわりに四川や広東の塩が流入した。叛乱の終結後も、四川塩は長江流域に流入し続けたため、両淮塩の市場は縮小し、徽州塩商の衰退に拍車をかけたのである。

## 寧波商人の台頭

さらに十九世紀には、長江流域における徽州商人の覇権を脅かす新しい勢力が台頭してきた。それが寧波商人（隣接する紹興とあわせて「寧紹商人」ともいう）である。十七世紀後半から、寧波商人は江南デルタの主要港であった上海に進出し、「沙船《させん》▲」と呼ばれる平底のジャンク船により、江南の綿布などを輸出し、華北や満洲の大豆や雑穀を輸入する北洋海運をリードするようになった。また寧波商人は、やはり上海を拠点に、「銭荘《せんそう》」と呼ばれる両替・金融業者としても活躍を始めた。さらに南京条約により上海が開港され、まもなく中国最大の貿易港となったことは、寧波商人が全国有数の商人集団に飛躍する契機となった。寧波商人は、外洋船がそのまま入港でき、江南デルタと海外市場をダイレクトにつなぐ上海を拠点として、蘇州・杭州を拠点とする徽州商人から、長江下流における商業活動の主導権をしだいに奪っていったのである。

さらに寧波（寧紹）商人は、漢口を拠点とする長江交易においても、徽州商人の牙城をくずしていった。漢口の寧紹商人は、徽州商人から七〇年近く遅れ、一七七〇年に紹興出身の王陽明《おうようめい》にちなんだ「陽明書院」という会館を建設して

**▼沙船**　中国の伝統的帆船（ジャンク）の代表が「鳥船」と「沙船」である。鳥船は竜骨（キール）をもち、船底はV字型で喫水が深いため外洋航海に適し、中国東南部から東南アジア海域で活躍した。一方沙船には竜骨がなく、平底で喫水が浅く、水深の浅い長江以北の沿岸航海に適していた。

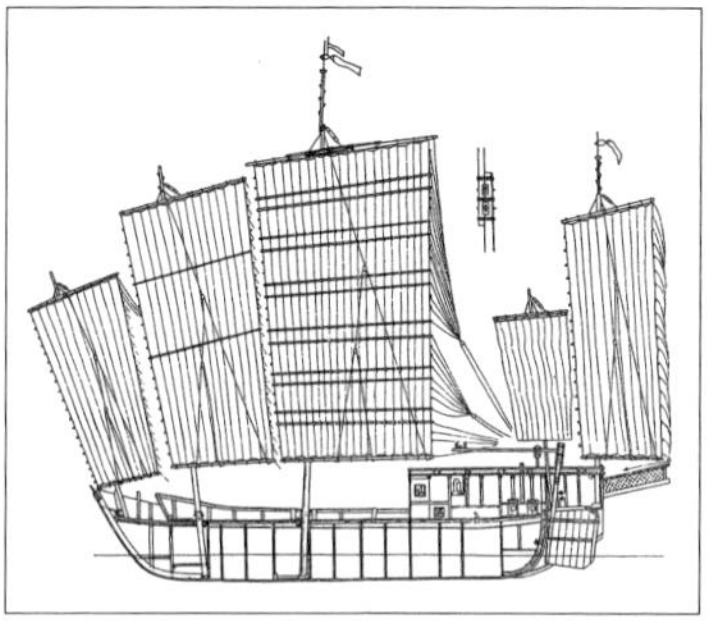

**清代の沙船**

**漢口の四明銀行**　寧波の銭荘業者によって設立された銀行。四明とは寧波の別称。

いる。漢口の寧波商人は、おもに銭荘による金融業務と、江南の綿布や絹の輸出によって勢力を広げ、十九世紀半ばに塩の専売制度が改革され、徽州商人の独占がくずれると、両淮塩の販売にも進出した。太平天国の終結後も、徽州商人が漢口市場における失地を回復できなかったのにたいし、寧波商人は漢口を拠点に、長江流域の金融・航運・商品流通を握っていった。

　一五六一年に漢口が対外貿易港として開かれ、翌年には上海と漢口を結ぶ蒸気船が就航すると、寧波商人は欧米資本の代理人（買辦《ばいべん》）としても活動を広げていく。清末の漢口では、広東商人も買辦やアヘン商人として、山西商人も票号やロシアの茶商人の買辦として活躍したのにたいし、かつては漢口の盟主であった徽州商人は、寧波商人に押されて急速に影響力を失っていった。二十世紀初頭の漢口における取引高では、広東・香港商人と江南・寧波商人が、首位を争ってしのぎを削り、それに湖南・河南・四川など、近隣の商人集団が続いている。江南・寧波商人のなかには徽州出身者も含まれていたであろうが、徽州商人がかつて漢口の盟主であった面影はまったくない。揚州・蘇州を拠点とする、長江下流の塩や手工業品の輸出と、漢口を拠点とする、長江中流の米や農

**近代漢口の主要商人集団**（一九〇〇年頃）　広東・寧波商人が双璧で、湖南商人がこれにつぐ。徽州商人は寧波商人に押されて姿を消し、山西商人は金融業（票号）に主力を移した。

| 商人集団 | 主要取扱商品 | 大商人数 | 取引総額（万両） |
|---|---|---|---|
| 広東・香港商人 | 海産物・生糸・砂糖・海外産品 | 70 | 3,500 |
| 江南・寧波商人 | 綿糸・綿布・海産物・絹・雑貨 | 60-70 | 3,000-3,500 |
| 湖南商人 | 米・茶・雑穀 | | 2,540 |
| 河南商人 | 大豆・雑穀・綿花・皮革・阿片 | | 1,500 |
| 四川商人 | 薬材・桐油・漆・麻糸・生糸 | 30 | 1,000-1,500 |
| 雲南・貴州商人 | 木耳・漆・桐油・阿片・木材 | 30 | 1,200-1,300 |
| 陝西商人 | 皮革・羊毛・阿片・漆 | 10 | 700-800 |
| 山東・華北商人 | 雑穀・綿花 | | 500-700 |
| 江西・福建商人 | 茶・磁器・薬材 | | 100 |

出典：水野幸吉『漢口　中央支那事情』冨山房, 1907による

林産品の輸入こそが、広域的商人集団としての徽州商人の生命線であった。その長江交易の主導権を寧波商人に奪われた時点で、徽州商人はその主たる歴史的役割を終えたといってよい。

## 近代の徽州商人

　ただし寧波商人が長江交易の主導権を握った十九世紀後半になっても、徽州商人は長江下流の市場においては、なお一定の勢力を保ち続けた。落日にある徽州商人を支えたのは、なによりも徽州自体で生産される茶の輸出であった。十八世紀以来、広州から欧米に輸出される中国茶のうち、紅茶は福建省の武夷山が主産地であったが、緑茶はもっぱら徽州で生産されていた。アヘン戦争の前夜には、イギリス東インド会社が輸出する中国茶のなかで、徽州産の最高級緑茶（ハイソン）は三〜一〇%、中級緑茶（トワンケー）は一二〜一六%を占めていた。徽州商人はこうした緑茶を、徽州から江西を南下して広東にいたるルートで広州に運んだのである。一八四二年の五港開港により、中国茶の輸出はいっそう増加し、福建に加え、湖南や江西でも紅茶生産が急拡大していく。また

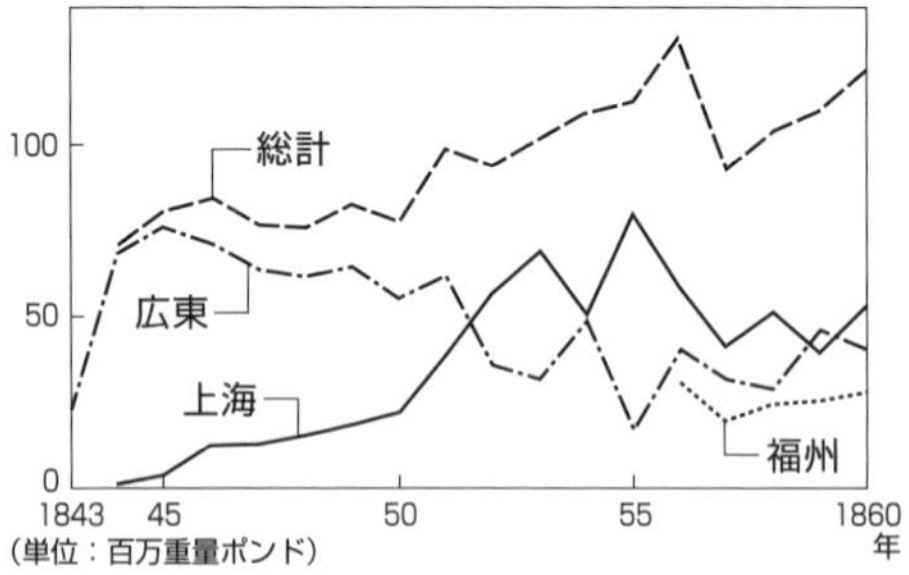

出典：重田徳『清代社会経済史研究』岩波書店, 1975による

**アヘン戦争後の中国茶輸出**（一八四三〜六〇年）　五港開港以降、とくに上海からの輸出量が急増し、広州にかわって最大の輸出港となった。

茶の生産地に近い上海が開港されたことにより、広州にかわって上海が最大の茶の輸出港となっていった。徽州商人も茶の輸出先をすみやかに広州から上海にきりかえてゆく。

徽州商人はおもに徽州産の緑茶を上海に出荷し、その多くは上海からアメリカに輸出された。十九世紀のアメリカでは紅茶よりも緑茶の消費量が多く、アメリカ人は緑茶に砂糖とミルクをいれて飲んでいたのである。徽州茶の流通の拠点となったのが、徽州盆地の中心部にある屯渓《とんけい》であった。茶の収穫期である春になると、バイヤーが徽州の農村をまわって茶を買いつけ、屯渓の茶商（茶荘・茶行）に納品した。茶商は買いつけた茶を現地で選別・加工したうえで、新安江《しんあんこう》をくだって杭州に運び、さらに上海に輸送した。その一部は上海から華北などに供給されたが、大部分は茶商と外国商人を仲介する問屋（茶桟）をつうじてアメリカなどに輸出された。徽州商人のなかには、英語を習得して自ら上海で茶桟を経営する者もあった。

一八八〇年代から、インドのアッサム地方やセイロンでの紅茶の生産量が急増すると、中国紅茶の欧米向け輸出は急減し、湖南や福建の茶は、おもに磚茶《せんちゃ》

**中国茶輸出の変化**(一八七〇~九〇年)　イギリスへの紅茶輸出が急減してからも、アメリカへの緑茶輸出は堅調で、ロシアへの磚茶輸出は増加した。

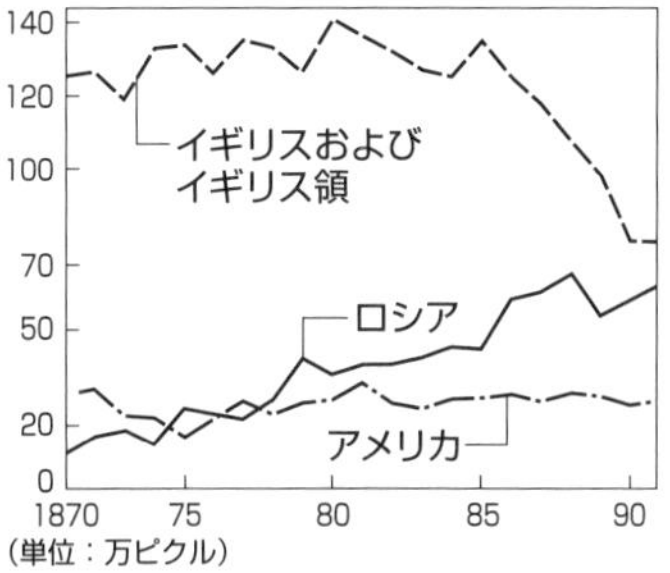


出典：『清代社会経済史研究』による

として漢口経由でロシアに輸出されるようになる。一方、徽州茶の輸出は緑茶が中心だったため、日本緑茶の輸出増加に押されながらも、比較的堅調であった。また中国紅茶の輸出が急減するなかでも、十九世紀末に開発された徽州の祁門《きもん》県産の紅茶は、香り高い高級茶として欧米市場で歓迎され、現在でも「キームン」(Keemun)として世界三大紅茶の一つとされている。二十世紀初頭にもっとも輸出価格の高い中国茶は、紅茶では祁門と寧州《ねいしゅう》、緑茶では婺源《ぶげん》と平水であったが、そのうち祁門と婺源が徽州産である。徽州茶は品質が高く、また上海への輸送コストも低かったので、上海での茶貿易こそが、落日の徽州商人を最後まで支えたのである。

また茶については、徽州周辺で生産される木材も、品質が高く江南デルタへの輸送コストが低かったので、清末の徽州商人の主要商品となった。また江南デルタで生産される生糸や絹も、工場生産された日本製品と競合しながらも、茶についで重要な輸出品であり、徽州商人も江南産の生糸や絹を上海の輸出市場に供給した。要するに近代の徽州商人は、徽州周辺で生産された茶や木材などを、江南デルタ(とくに上海の輸出市場)に供給し、あわせて江南における伝

**漢口の旧ロシア租界**　清末に磚茶貿易で活躍したロシア商人の邸宅。

**漢口の上海商業儲蓄銀行**　上海の銀行は浙江財閥との関係が強い。



統的な生糸・絹などをあつかう、長江下流地域の地域的商人集団として命脈を保ったのである。

## 徽州商人の後裔たち

十九世紀後半から二十世紀初頭にかけて、それまで中国商人の二大横綱であった徽州商人と山西商人にかわって、海外貿易の拡大の波に乗り、商工業の近代化に適応した寧波商人と広東商人が、新たに両横綱の地位をかためていく。とくに寧波商人は、近代的な紡績工場や織布工場を経営し、銭荘とともに銀行も創設するなど、商業だけではなく工業や金融にも進出し、浙江《せっこう》財閥を形成していった。南京国民政府を率いた蒋介石も寧波出身で、浙江財閥との結びつきが深かった。

その一方、徽州商人は全国的な商人集団としては表舞台から静かに退場していき、長江下流地域の周縁《ペリフェリー》と中心《コア》を結ぶ地域的商人集団として、上海を拠点に命脈を保っていた。上海の徽州商人は、早くから「思恭堂」という会館を設立し、十九世紀をつうじて施設を拡充し、運営体制を整えていった。その運営

**近代徽州商人の家族**　休寧《きゅうねい》県黄村の商人、黄氏の子弟(一九二〇年代)。

経費としては、不動産収入のほか、輸出用の緑茶・紅茶に割りつける寄付金が重要な財源であった。一九二〇年ころには、上海に居住する徽州出身者は約五万人にのぼり、人数的には寧波・広東商人につぐ勢力であったが、上海経済界における実力では、寧波・広東商人に遠くおよばなかった。一九〇一年に発足した、商工会議所のさきがけである上海商務公所の会員のうち、出身地がわかる者は、浙江が二二名、広東が六名にたいし、安徽は三名にすぎない。

二十世紀初頭に口語文学を提唱し、五四運動の旗手となった胡適《こてき》も、徽州府績渓《せきけい》県の出身で、上海近郊で茶商をいとなんでいた、典型的な商人一家の出身であった。彼の回想によれば、徽州商人の子弟は十二、三歳になると、故郷を離れて都市に行き商売を学んだという。最初は無給で徒弟奉公をして、その後は若干の俸給をもらうようになる。二十一、二歳になると故郷に帰って結婚し、また都市にもどって商売を続け、故郷の家族に仕送りをした。その後も三年ごとに三カ月だけ故郷にもどって妻子と生活するので、「一世夫妻三年半」(一生つれそっても一緒に暮すのは三年半だけ)といわれるほどであった。

胡適の一族も、績渓県の上庄という山村で農業をいとなんでいたが、多くの

**胡適**（一八九一〜一九六二）

家では、父子兄弟のだれかが南京や上海などにでて商売をおこなっていた。胡適の高祖父も、十九世紀初頭に上海近郊の川沙《せんさ》で、わずかな資本で茶商を始めた。ついで胡適の祖父が、上海市内にも支店を開き、毎年春には徽州にもどって茶葉を買いつけ、川沙と上海で販売した。太平天国の時期には、彼の経営する店舗も大きな損害を受けたが、ほどなく商売を再開して経営を拡大し、そこからの送金が、故郷に残した家族の生活を支えた。胡適の父である胡伝も、十六歳で故郷を離れて川沙に行き、祖父が徽州にもどって茶を買い付ける期間は、独力で川沙の店舗を取り仕切ったという。しかし彼は学業も優秀だったため、商売をやめて科挙《かきょ》を受験し、初級試験に合格した。のちに彼は北京に赴いて高官の幕僚となり、その推薦により江蘇省の官員となって、在任中に胡適が生まれたのである。

　徽州商人が中国商業の主役の座をおりてからも、四〇〇年続いた徽州商人の伝統は、中国近現代史に少なからぬ遺産を残した。江南デルタの諸都市に定住した徽州商人の子孫は、やがて徽州への帰属意識を残しながらも、現地社会に融合していくようになる。こうした徽州商人の子孫のなかから、胡適のように近現代の政治や文化に大きな影響を与えた人物も生まれ、さらには政治的指導者もあらわれている。たとえば日中戦争期に日本の傀儡政権の首班となった汪《おう》兆銘《ちょうめい》は、杭州に移住した徽州商人の後裔であった。さらに現代では、元国家主席の江沢民《こうたくみん》が、徽州婺源県から揚州への移住者(ただし塩商ではない)の子孫であり、その後任の国家主席の胡錦濤《こきんとう》も、績渓県から上海近郊に移った茶商の子孫なのである。

# 参考文献


## 本書全体にかんするもの

藤井宏「新安商人の研究」(一)〜(四)『東洋学報』三六巻一〜四号　一九五三〜五四年

張海鵬・王廷元主編『徽商研究』安徽人民出版社　一九九五年

斯波義信『中国都市史』東京大学出版会　二〇〇二年

臼井佐知子『徽州商人の研究』汲古書院　二〇〇五年

## 第一章

G. William Skinner, ed., *The City in Late Imperial China*, Stanford: Stanford University Press, 1977

葉顕恩『明清徽州農村社会与佃僕制』安徽人民出版社　一九八三年

Harriet T. Zurndorfer, *Change and Continuity in Chinese Local History, The Development of Hui-chou Prefecture 800 to 1800*, Leiden: E. J. Brill, 1989

張海鵬・張海瀛主編『中国十大商幇』黄山書社　一九九三年

中島楽章『明代郷村の紛争と秩序――徽州文書を史料として』汲古書院　二〇〇二年

熊遠報『清代徽州地域社会史研究――境界・集団・ネットワークと社会秩序』汲古書院　二〇〇三年

G・W・スキナー（中島楽章訳）「中国史の構造」宋代史研究会編『宋代の長江流域――社会経済史の視点から』汲古書院　二〇〇六年

## 第二章

西嶋定生『中国経済史研究』東京大学出版会　一九六六年
寺田隆信『山西商人の研究――明代における商人および商業資本』東洋史研究会　一九七二年
田中健夫『倭寇――海の歴史』教育社　一九八二年
渡部忠世・桜井由躬雄編『中国江南の稲作文化――その学際的研究』日本放送出版協会　一九八四年
佐久間重男『日明関係史の研究』吉川弘文館　一九九二年
李伯重『多視角看江南経済史――一二五〇～一八五〇』生活・読書・新知三聯書店　二〇〇三年
田中正俊『田中正俊歴史論集』汲古書院　二〇〇四年
上田信『中国の歴史九　海と帝国――明清時代』講談社　二〇〇五年

## 第三章

佐伯富『中国史研究　第一』東洋史研究会　一九六九年
William T. Rowe, *Hankow: Commerce and Society in a Chinese City, 1796–1889*, Stanford: Stanford University Press, 1984
岸本美緒『清代中国の物価と経済変動』研文出版　一九九七年
李伯重『江南的早期工業化――一五五〇～一八五〇』社会科学文献出版社　二〇〇〇年
山本進『清代の市場構造と経済政策』名古屋大学出版会　二〇〇二年
松浦章『清代海外貿易史の研究』朋友書店　二〇〇二年
王振忠『徽州社会文化史探微――新発現的十六～二〇世紀民間档案文書研究』上海社会科学院出版社　二〇〇二年

范金民主編『江南社会経済研究　明清巻』中国農業出版社　二〇〇六年
松浦章『江戸時代唐船による日中文化交流』思文閣出版　二〇〇七年

### 第四章

根岸佶『支那ギルドの研究』斯文書院　一九三二年
田中正俊『中国近代経済史研究序説』東京大学出版会　一九七三年
重田徳『清代社会経済史研究』岩波書店　一九七五年
角山栄『茶の世界史――緑茶の文化と紅茶の社会』中央公論社　一九八〇年
胡適（唐徳剛訳注）『胡適口述自伝』広西師範大学出版社　一九九三年
狭間直樹ほか『データでみる中国近代史』有斐閣　一九九六年
矢沢利彦『グリーン・ティーとブラック・ティー』汲古書院　一九九七年

**図版出典一覧**

小野信爾編『図説 中国の歴史 9』講談社，1977　*86*
『徽州千年契約文書』花山出版社，1992　*22, 38*
上海市歴史博物館編『武漢旧影』上海古籍出版社，上海，2007　*64, 66*左
徐揚『姑蘇繁華図』商務印書館，香港　扉, *26, 36, 63*左, 右
J・ニーダム『中国の科学文明 11　航海技術』思索社，1981　*79*
山根幸夫編『図説 中国の歴史 7』講談社，1977　*47*
CPC　カバー表, *5*
絵はがき　*85*
著者提供　*21*上右, 上左, 下, *31*左, 右, *33, 40, 42, 43, 45*左, 右, *46*左, 右, *49, 54, 55*左, 右, *56, 57, 59, 60*左, 右, *62*左, 右, *66*右, *69, 71*左, 右, *76, 77, 80, 83, 84,* カバー裏

世界史リブレット108

徽州商人《きしゅうしょうにん》と明清中国《みんしんちゅうごく》

2009年11月10日　1版1刷発行
2022年 1 月31日　1版4刷発行

著者：中島楽章《なかじまがくしょう》

発行者：野澤武史

装幀者：菊地信義

発行所：株式会社 山川出版社

〒101-0047　東京都千代田区内神田１-13-13
電話　03-3293-8131(営業) 8134(編集)
https://www.yamakawa.co.jp/
振替 00120-9-43993

印刷所：明和印刷株式会社

製本所：株式会社 ブロケード

 ISBN978-4-634-34946-9

# 世界史リブレット　第Ⅲ期［全36巻］

〈白ヌキ数字は既刊〉